x的奇幻之旅

为什么工作和生活中要有数学思维？

[美] 史蒂夫·斯托加茨（Steven Strogatz）◎著
鲁冬旭◎译

The Joy of x

中信出版社·CHINACITICPRESS ·北京·

图书在版编目（CIP）数据

*x*的奇幻之旅/（美）斯托加茨著；鲁冬旭译. —北京：中信出版社，2014.4（2025.7重印）
书名原文：The Joy of *x*
ISBN 978-7-5086-3516-3
I. ①*x*… II. ①斯… ②鲁… III. ①经济数学－通俗读物 IV. ①F224.0-49
中国版本图书馆CIP数据核字（2013）第001030号

*x*的奇幻之旅

著　　者：[美] 史蒂夫·斯托加茨
译　　者：鲁冬旭
策划推广：中信出版社（China CITIC Press）
出版发行：中信出版集团股份有限公司
（北京市朝阳区东三环北路27号嘉铭中心　邮编　100020）
（CITIC Publishing Group）
承 印 者：北京通州皇家印刷厂

开　　本：787mm×1092mm　1/16　　印　　张：17.5　　字　　数：240千字
版　　次：2014年4月第1版　　印　　次：2025年7月第19次印刷
京权图字：01-2013-0968
书　　号：ISBN 978-7-5086-3516-3 / F·3101
定　　价：42.00元

服务热线：010-84849555　　服务传真：010-84849000
投稿邮箱：author@citicpub.com

目录
The Joy of x

前言

The Joy of x

我有一个朋友，他虽然是一位艺术家，却也是一个科学爱好者。每次我们见面聊天，他总是不停地跟我谈量子力学或者心理学的最新进展。但是，一说到数学，他就无话可说了。他常常对我说："数学好难懂啊，那么多奇奇怪怪的符号，我连读都不会读。一想到这个，我就很难过！"

其实，我的这位艺术家朋友对数学的抱怨还远不只那些奇怪的符号，除此之外，令他费解的地方还包括：数学家每天都在忙些什么呢？为什么数学家们会形容一个证明非常"优雅"呢？我常常和他开玩笑说："等我哪天有时间，我就坐下来一点儿一点儿地教你数学知识，从 1 + 1 = 2 开始，看看到底你能学懂多少。"

后来，我决定把这个疯狂的想法付诸实践，于是我写了这本书。在这本书里，我会带领读者们走过一段有趣的数学旅程，了解数学的各种元素，从幼儿园的数学知识到研究生院的数学知识。这个旅程不仅是为我的那位朋友设计的，也是为任何想了解数学的美丽和趣味的人所设计的。别担心，这本书并不是要帮你补习你从小到大落下的数学功课，而是想给你提供一个崭新的视角，让你重新了解和欣赏数学的美。我希望这本书能给广大对数学感到恐惧、陌生或是不解的成年读者提供一些新的启发和新的感觉。我想要告诉这些读者的是：第一，数学到底是什么？第二，为什么了解数学的人会觉得数学如此美丽和迷人？

在这本书里，我会告诉大家：迈克尔 · 乔丹的灌篮如何完美地诠释了微积分的原理。我会给大家举出一个简单却非常惊奇的例子，告诉你如何理解几何学的基本定理——勾股定理。我会试着帮你解开一些生活中大大小小的谜团：O · J · 辛普森到底有没有犯下杀妻罪行？怎样翻转床垫才能最大化地延长床垫的寿命？结婚之前，到底谈多少次恋爱才最合理？我还会告诉你，为什么同样是无穷大，有的无穷大却比其他的无穷大更大？

其实，我们的生活中充满了数学，是否能看到它们，取决于你有没有一双善于发现的眼睛。在我们的数学之旅中，我会充当你们的导游：我会带你们看到斑马身上条纹中的正弦波，会带你发现《独立宣言》中的欧几里得定理；会向你展现第一次世界大战硝烟中负数的身影。我还会告诉你们，数学的最新进展如何影响着你我每天的生活：当我们在互联网上搜索好口碑的餐馆时，当我们试图理解股市的大起大落时（并且努力不被这些大风大浪所颠覆），我们其实都在接触着数学的最前沿知识。

出于一种数字上的巧合，我在我 50 岁生日那天决定开始写作这本关于数学的书。在那个伟大的日子里，《纽约时报》的专栏编辑戴维 · 希普利正好请我共进午餐（他完全不知道那是一个伟大的日子）。在吃饭的过程中，希普利编辑问我是否有兴趣写一个数学专栏，与读者分享关于数学的一些心得。我立刻想起了我的那位艺术家朋友。我想，很多公众应该都对数学抱有恐惧和陌生的态度吧，这不是太可惜了吗？我了解数学的迷人之处，也知道了解数学以后所能体验到的巨大乐趣，如果能把这些内容分享给大家，该是一件多么美好的事情！我不仅想把数学的美分享给我的那位求知若渴的艺术家朋友，也想把这种美分享给所有对数学感兴趣的人们。所以，我立刻接受了希普利编辑的邀请，决定着手写作这个专栏。

于是，在2010年1月底，“数学元素”专栏在网上面世了。这个专栏一共连载了15周的时间。这些文章刊出之后，读者的反响极为强烈，各个年龄层的读者给我发来了雪片般的邮件。在这些来信的读者中，有很多是学生和教师，还有一些是有好奇心的公众。很多人都表示，自己曾对数学有过兴趣，但却因为种种原因，在人生的某个时刻和数学告别了。很多人表示，放弃数学以后，他们常常觉得自己似乎错过了什么重要的东西，他们希望能有一个新的契机，重新找到那样失去的东西——重新了解和亲近数学。最令我感动的是，有很多为人父母的读者给我发来邮件，感谢我帮助他们向他们的孩子解释了什么是数学；他们还说，在这个过程中，他们自己对数学也有了新的了解和认识。就连我的同事和数学界的朋友也似乎挺喜欢看我写的东西，在他们不给我提意见的时候。（又或者给我提意见的时候，才是他们获得最大乐趣的时候。）

这一系列的经历都让我意识到了一件事情：虽然说起来似乎人人都讨厌数学，但是其实公众仍有一颗渴望了解数学的心。这种渴望是很微妙的，也是一直被出版界的朋友们所忽视的。虽然很多人都会提到他们读书的时候是多么讨厌数学，但其实他们也想要了解数学的奥妙，体会数学的美和乐趣。而且一旦入了门，他们甚至可以立刻成为数学的狂热爱好者！

于是，我决定写作本书。在这本书里，我想向大家介绍一些数学历史上最伟大、最充满智慧、最有影响力的思想。本书每个章节的篇幅都不长，相互之间也保持了相对的独立性，有些章节是直接从我为《纽约时报》写作的专栏文章里摘选出来的。所以，你可以随时随地挑出你最感兴趣的章节来阅读，而不一定要从头到尾一口气读完。如果你对某一个问题特别感兴趣，我在本书的最后为你准备了详细的资料，你可以从中找到本书相关的细节，方便你进行进一步的阅读和探索。

当然，我知道有很多读者更喜欢一段系统性的、有条不紊的、完整的数学之旅。为了满足这些读者的需要，我把本书分成了 6 个部分，每一部分又分为若干章，这种写作结构想必大家并不陌生。

第一部分是“数字”。在这一部分中，我将以幼儿园和小学水平的一些数学内容作为我们这趟数学之旅的开端。在这一部分中，你将看到，数字给我们的生活提供了多少便利，在我们描述世界、理解世界的过程中，数字又有着多么巨大的神秘力量。

第二部分是“数字之间的关系”。在这一部分中，我们的着眼点将从单个的数字转移到数字之间的关系上。数字之间的关系是代数的核心。为什么数字之间的关系如此重要？因为只有理解了数字之间的关系，我们才能开始描述和理解世界上五花八门的复杂问题：因果关系，供需关系，剂量和疗效之间的关系等。理解了这些问题，我们才能慢慢地拨开迷雾，看清世上的万事万物是如何互相联系、互相影响的。如果不搞清楚这些问题，就无法了解这个多姿多彩的复杂世界。

第三部分是“形状”。在这一部分中，我们离开了数字和符号的领域，来到形状和空间的世界。是的，我们要讲到几何学和三角学了。除了描述所有我们能看到的物体的形态以外，几何学和三角学还把数学提升到了一个新的高度：通过逻辑推理和证明，构建出一个更为严谨和严密的数学世界。

第四部分是“变化”。在这一部分中，我们开始介绍微积分。微积分可能是数学中最有影响力、最硕果累累的一个分支了。正是因为有了微积分，人类才有能力预测行星的运动、潮汐的涨落、宇宙和人类身上发生的一切连续性的变化。在这个部分中，我们还会谈到无穷大的概念。正是因为聪明的人类成功地驯服了“无穷大”这只怪兽，才使得微积分的发明成为可能。借助“无穷大”这只怪兽的力量，微积分一下子解决了好多先贤智者一直无法解决的难题。凭借这一利器，人类势如破竹地攻克了许多科学难关，最终成功地开创了现代世界。

第五部分是“数据”。在这一部分中，我们会谈到概率论、统计学、网络与数据挖掘等问题。这些都是数学学科中相对“年轻”的分支。为什么我们要研究统计学、概率论、网络和数据挖掘呢？因为生活中总是充满了很多难解的谜题：机会、运气、不确定性、风险、波动、随机性、各种因素间错综复杂的联系等。通过阅读这一部分的内容，你会发现，只要使用合适的数学工具，运用正确的数据，我们就能从看似一团乱麻的世界中，寻找到规律和意义。

在数学之旅的最后一程，我会带大家来到本书的第六部分：“前沿”。在这一部分中，我会向大家介绍数学研究的最前沿进展，带大家欣赏已知和未知的世界。我们会再次谈到前文中已经说过的问题：数字、数字之间的关系、形状、变化，以及无穷大。但是，“故地重游”的时候，我们会用更深邃、更现代的眼光，来审视这些我们已经熟悉的“风景”。

好了，以上就是此次数学之旅的行程概要。我希望所有沿途的“风景”至少能给你带来一样东西：乐趣。在我们的旅程中，会有很多让你大呼“原来如此！”

的恍然大悟的时刻。那么，你准备好了吗？让我们一起开始这个精彩纷呈的旅程吧。

千里之行，始于足下，我们的旅程也会从最简单的部分开始。让我们先从数数这项最简单的技能开始，走进数学的魔法世界。

The Joy of *x*

第1部分　数字

第 1 章

数学：从企鹅的“鱼”订单到无穷大

数字的起源是什么？究竟什么是数字？我们为什么要发明数字？关于这个问题，我看过的最好的解释来自幼儿教育动画片《芝麻街》。在名叫“一二三，跟我数”的那一集里，粉红皮毛、绿色鼻子的汉弗莱先生在“毛绒武器”饭店做午餐服务员。我们可爱的汉弗莱先生接到了一群企鹅的订餐电话，接完电话以后，汉弗莱认真地把订餐信息传递给了厨房，他大喊道：“鱼，鱼，鱼，鱼，鱼，鱼。”在接下来的剧情中，我们的另一位主人公厄尼向汉弗莱介绍了如何用数字 6 更好地总结订单的信息。对于“为什么要发明数字”这个问题，这是我听过的最简单、最生动，也是最有趣的答案。

从这个动画故事里，孩子们认识到数字是一种方便好用的工具。如果没有数字，6 只企鹅的订餐信息就只能表示为“鱼，鱼，

鱼，鱼，鱼，鱼”，如果有更多只企鹅订餐，我们的汉弗莱先生恐怕就招架不住了。但是，只要发明了数字，不管有多少只企鹅订餐，都可以很清楚简洁地用数字表示出来。

对于成年人来说，虽然数字的发明让我们不必浪费时间重复叫喊，但是数字却有一个很大的缺点，那就是它的抽象性。数字6比6条鱼要抽象得多，它不仅可以表示6条鱼，还可以表示很多其他的东西：6个盘子、6只企鹅、句子“鱼，鱼，鱼，鱼，鱼，鱼”中“鱼”字的数量，诸如此类。数字6是所有这些东西的高度抽象化的表达。

从这个角度来看，数字不再是动画片里浅显易懂的概念了，它的抽象性为它蒙上了一层神秘的色彩。数字仿佛是柏拉图理想国里的某种玄而又玄的东西，它抽象而神秘地存在于现实生活中。从这个层面来看，数字不像是我们日常生活中接触到的各种实实在在的事物，而是与“真理”、“正义”之类的东西一样，是一种高高在上的抽象概念。你越是从哲学的角度上思考数字的概念，越会觉得它仿佛是一团看不透彻的迷雾：数字到底是从哪儿冒出来的？是我们人类发明了数字，还是数字本来就客观地存在于自然界中，只是被我们人类发现了而已？

如果你再进一步考虑一下数字的“性质”，就会觉得问题变得更加微妙了。正如其他数学符号或数学概念一样，数字也有自己的“生命”和“行为模式”。我们人类无法操控数字的性质和行为模式。即使数字是存在于人类的思维之中的，但一旦它们被定义出来，我们就再也无权干涉它们的行为和性质了。数字服从于某些特殊的规律，有自己的特殊性质，它们要以特定的方式与另一个数字结合，这就好像一个人有自己独特的个性一样。人类完全无法改变数字的这些性质，我们只能默默地观察它们的“行为”，试图了解和学习它们的“性质”。在这个意义上，数字就好像我们头顶的繁星，又好像微观世界里的原子，它们都在冥冥之中服从于某些神秘的客观规律，这些规律不以我们人类的意志为转移。当然，不同的是，繁星和原子客观地存在于我们人类社会以外，而数字似乎只存在于我们的脑海之中。

是的，数字的确具有这种神秘的双重性：它既方便实际，又神秘莫测；它既是 6 条鱼、6 个盘子那类具体的东西，又是比繁星和原子更为缥缈虚幻的抽象存在；它既是最实用直观的工具，又是理想国里的抽象概念。也许正是数字的这种奇妙的特性，才使得它成为我们人类历史上最有用的工具之一。著名的物理学家尤金 · 维格纳曾这样写道：“在自然科学的领域里，数学的应用是如此广泛，数学的威力是如此巨大。数学的神通广大、无所不至已经超出了我们人类智慧所能理解的范围。”

也许你会觉得我有点儿言过其实，也许你会问：你所谓的数字的“生命”到底指什么？或者你为什么说“我们人类完全无法掌控数字的性质”？为了说明这个问题，让我们回到《芝麻街》的例子中来。假设，在汉弗莱先生把企鹅们所下的 6 条鱼的订单传达给厨房之前，他又接到了另一个电话：另一个房间里恰好也有 6 只企鹅，他们恰好也想订 6 条鱼。在接完这两个电话并记下这两个订单以后，汉弗莱要怎么把信息传达给厨房呢？如果汉弗莱先生还没有得到厄尼的点拨，他就要为每一只企鹅顾客大喊一声“鱼”，喊足 12 声；如果他已经学会了数字的概念，那么他就会告诉厨房：第一个订单要 6 条鱼，第二个订单也要 6 条鱼。实际上，汉弗莱先生需要的是“加法”的概念，如果他懂得加法，他就会骄傲地对厨房喊道：“我要 6 加 6 条鱼。”（如果汉弗莱先生爱表现的话，他就会说：“我要 12 条鱼。”）

这个极为有用又极富创造性的新工具就叫作加法。与数字一样，发明加法是为了给我们提供方便：有了数字，我们便不必重复叫喊同一个名词；有了加法，我们便不必重复说同一个数字。这便是数学发展的动力和过程：更进一步的抽象化给了我们更多的启迪和方便，也让数学有了更强大的力量和效用。

数数也许并不是一件多么高超的技能。很快，我们的汉弗莱先生就能学会数一位数、两位数、三位数……用不了多久，他会发现自己可以无穷无尽地数下去。

虽然数字的边界是无限的，但人类的能力却是有限的。我们可以定义数字6和数学符号“+”，但一旦我们明确了它们的定义，我们就再也不能干涉“6+6”等于多少。不管你喜不喜欢，6+6必须等于12。因为任何其他的答案都是不符合逻辑的。在这个意义上，数学永远包含着两个部分：一部分是有意为之的“发明”，另一部分是随之产生的“发现”。我们发明了这样或那样的概念（比如，数字6和数学符号“+”），然后我们又发现了这些概念所产生的结果（比如，6+6=12）。在下面的章节中你将会看到，在数学领域，人类的自由是有限的。我们可以自由决定提出什么样的问题，以及如何研究这些问题，但是问题的答案却在我们的控制范围之外，不管我们喜欢也好，不喜欢也罢，一旦问题被提出，它们的答案就已经在某个地方等着我们了。

第 2 章

一组组石头与加减乘除运算

就像世界上的其他东西一样，算术有它严肃性的一面，也有它趣味性的一面。

对于算术严肃性的一面，你可能已经非常熟悉了，不外乎是我们在学校里数学课上学到的内容，以及日后我们在工作中用到的算术：如何处理一列列的数字，如何把它们相加，如何把它们相减，如何把它们放进表单里进行计算，如何处理税务报表和年终报表上的数字等。算术严肃性的一面当然是非常实用的，也是非常必要的，但对大多数人来说，它也是枯燥无味、毫无乐趣的。

算术趣味性的一面是怎样的呢？大部分人对此都非常陌生，除非你接受的是培养高级数学家的数学教育。但其实，这并不像你想的那么高深莫测，只要拥有孩子般的好奇心，算术趣味性的一面就是一些十分自然、十分简单的内容。

在保罗·洛克哈特的著作《一个数学家的叹息》中，作者认为，在儿童教育中，教师应该用一种更具体的方式向孩子们展示数字的概念。他认为，应该让孩子们把数字想象成一组组石头。比如，数字 6 就是如下图所示的一组石头。

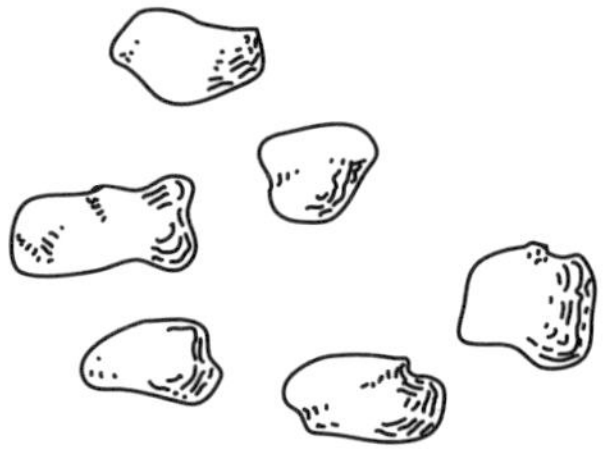

现在，你可能会觉得这种表示方法没什么意思，把数字表示成一组组石头，又能怎么样？这组石头和那组石头有什么区别吗？好吧，把数字表示成一组组石头确实不是什么惊人的创举，但是，先别着急下结论，让我们来挪动一下这些石头，情况可能就会大不一样。别忘了，人类的创造性不是表现在我们有什么东西，而是表现在我们如何使用所拥有的东西上。

比如说，我们把着眼点放在分别有 1~10 块石头的组别中。在这 10 组石头里，哪几组石头可以被摆成一个正方形呢？显然，只有两组可以，那就是 4 块石头那一组和 9 块石头那一组。为什么呢？因为 4=2×2，9=3×3。4 和 9 这两个数字是其他数字的平方，所以能够被摆成一个正方形，这样的数字我们称之为“平方数”。

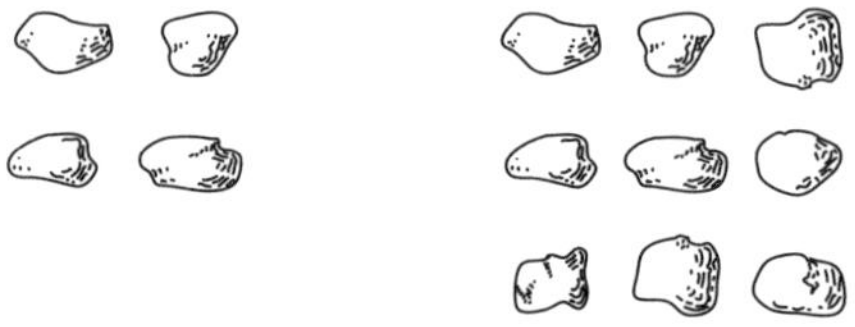

下面，我们再来看另外一个问题：在这 10 组石头中，有哪几组可以摆成一个两行，并且每行的石头数量一样多的长方形？这个问题也不难吧：2、4、6、8、10 都可以，因为它们都是能被 2 整除的偶数。而剩下的 5 个数字——也就是奇数，就不能摆成石头数量相同的两行，不信你试试看，一定会有一块石头多出来。

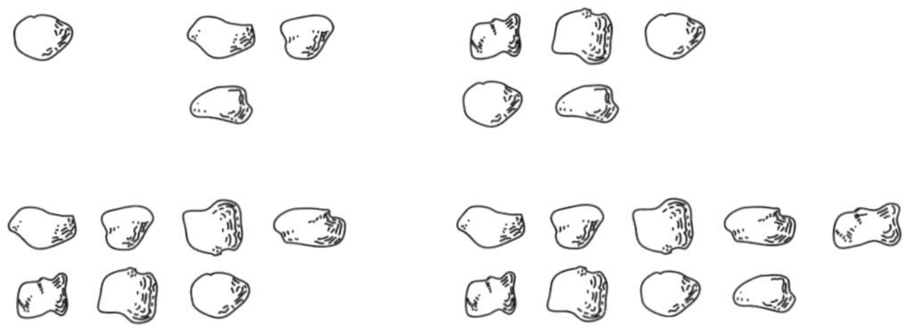

但是，如果把上图中的任意两组石头拼在一起，两组石头就可以组成一个规则的长方形。抽象成数学规律，那就是：奇数 + 奇数 = 偶数。

好，现在让我们把上面的游戏规则放宽一些：我们不仅考虑 10 以下的数字，也考虑大于 10 的数字；同时，拼长方形的时候，我们不要求石头一定要摆成两行，我们也接受行数多于 2 的长方形。在这样的条件下，我们可以发现，有些石头数量为奇数的组也能被摆成规则的长方形。比如，15 块石头的一组可以被摆成一个 3 乘以 5 的长方形。

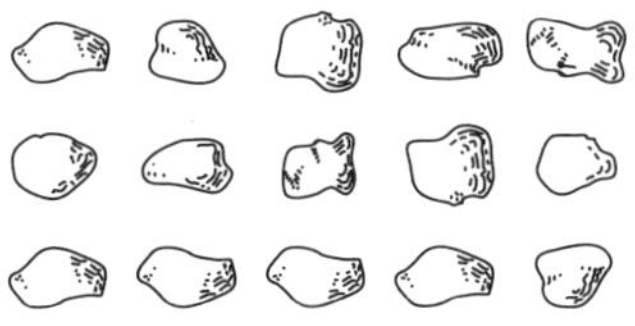

于是，我们可以看出，虽然 15 毫无疑问是一个奇数，但它也是一个“可以被分解的数字”：15 可以被分解为 3 个“5”。这样的数字我们称之为“合数”。与 15

一样，乘法表上的任何一个数字都可以被摆放成一个完整的长方形。

然而，我们不难发现，有一些数字，无论你怎么摆放，都不可能摆出一个完整的长方形（此处我们假设1行不算是一个长方形，两行或两行以上才算作长方形）；无论你摆几行，总是会有多出来的石头。这些数字“脾气”古怪，完全无法被分解，除了把它们摆成一行以外，我们拿它们完全没辙。这类“脾气古怪”的数字就是我们常说的“质数”。

看，不同的数字的确有不同的结构特点，这些结构特点就是数字的“性格”和“脾气”。但是，为了充分了解数字的行为特点，我们不能只研究一个个孤立数字的性质，我们需要把它们摆放到一起，看看数字是如何相互作用的。

我们已经知道，奇数 + 奇数 = 偶数，那么如果从1开始，把连续的奇数相加，会发生什么呢？

$1 + 3 = 4$

$1 + 3 + 5 = 9$

$1 + 3 + 5 + 7 = 16$

$1 + 3 + 5 + 7 + 9 = 25$

你有没有发现，这些连续奇数的和总是一个平方数（在前面的讨论中，我们已经介绍了平方数的概念，比如4和9就分别是2和3的平方，而且 $4 \times 4 = 16$，$5 \times 5 = 25$，所以16和25也是平方数）。你可以很容易地验证，当你继续加上更大的连续奇数，这个规律仍然成立。事实上，这条规律是没有界限的，你可以一直往上加到正无穷大，从1开始的连续奇数的和永远会是一个平方数。那么，为什么会有这样的规律呢？这些带着难看的附属物、永远也摆不整齐的奇数，为什么会和绝对对称、焕发着古典平衡美光芒的平方数扯上关系呢？其实，只要把一组组石头按照正确的方式摆放，这条看似奇怪的规律就会变得十分明显。千万别小看排列石头的这种技巧，它就是优雅的数学证明的雏形！

其实，这其中的关键点是一个很简单的事实：所有奇数块的石头都一定可以摆成一个横边和竖边一样长的L字形。只要把多出来的那块石头放在L字横边和竖边的交界处，然后把剩下的石头分成相同数量的两组，分别作为L字的横边和竖边就可以了。然后，只要你把边长分别相差 1 的几个等边L字形叠加在一起，一直叠加到边长为 1 的L字形为止，你就一定会得到一个正方形。看了下面的图形，应该就一目了然了。

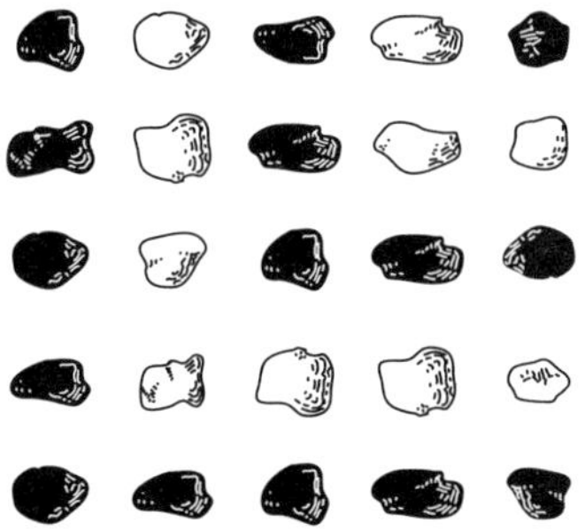

这种化数字为图形的思维方式，在最近出版的另一本书籍中也有应用，当然这本书和《一个数学家的叹息》一书的性质和写作目的都有很大的不同。小川洋子的小说《博士最爱的公式》讲述了一个非常引人入胜的故事：一名聪明能干但没受过多少正规教育的年轻家政女工和她 10 岁的儿子受雇照料一位年迈的数学家。这位数学家脑部遭受了创伤性损伤，导致他只有 80 分钟的短暂记忆，这位缺失长期记忆的数学家因此只能过着一种奇怪的“活在当下的”生活。他终日困坐在自己的小房间里，除了数字，他已经什么都没有了。出于想与人交流的本能，这位数学家试图和这位家政女工进行沟通，但是他所掌握的语言只剩下数字了，所以他只能通过询问家政女工的鞋码和生日等数字，并对这些数字进行奇怪的数学分析来达到交流的目的。同时，数学家很喜欢家政女工的儿子，他给这个小男孩起了个昵称叫“根号”，因为小男孩的头顶十分扁平，使数学家想到了根号的形状。

有一天，数学家给“根号”小朋友出了一个小小的题目，他说：“根号，你能算出 1 到 10 这 10 个数字的和吗？”

经过认真的加法运算，“根号”小朋友回答说：“答案是 55。”

数学家又问他：“有没有什么更巧妙的算法，能不做加法就直接得到答案呢？”

“根号”小朋友有些生气，他踢着椅子大叫道：“不能做加法？这也太不公平了吧！”

有趣的是，这位聪明的家政女工自己却慢慢地被数字的世界所吸引，她开始悄悄地试着解开数学家出的这道谜题。这个家政女工说：“我也不知道自己为何会被小孩子的数学题所吸引，这些问题千奇百怪，看起来也没有什么实际的价值，似乎只是小孩子的游戏罢了。一开始，我是有意识地想取悦我的这位古怪的雇主。但是慢慢的，这种功利的目的已经被我抛到脑后了，我只是单纯地在和这些题目较劲儿，非要把它们解出来。早晨，我一觉醒来，头脑中第一个出现的问题居然是数学家给出的这个算式：$1+2+3+4+5+6+7+8+9+10=55$。而且，这个算式一整天都在我的脑子里转来转去。这个算式就像刻在了我的头脑中，无论如何我都不能摆脱它。”

实际上，这位数学家给出的这道小谜题可以有多种解法。（试试看，你能找出几种？）在小说接下来的情节中，数学家自己给出了这样的解法：他说，1 到 10 这 10 个数字可以看作一组组的石块，这些石块可以被摆成一个三角形，第 1 行是 1 块石头，第 2 行是 2 块石头，以此类推，第 10 行是 10 块石头。

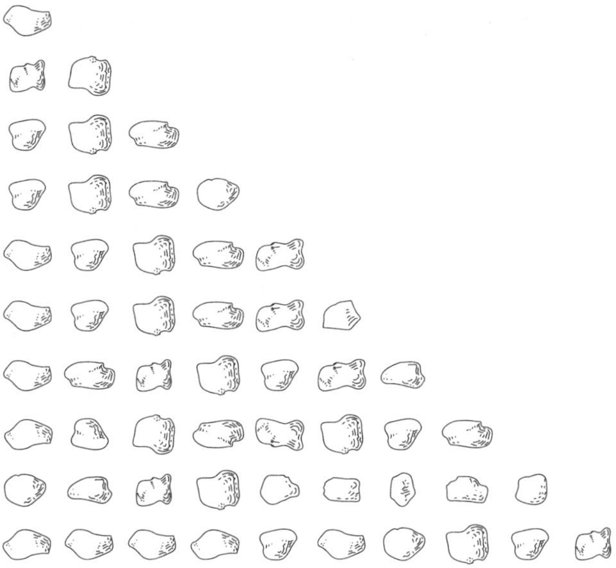

上图有什么明显的特点？那就是这个长方形看起来不完整，似乎只有 1/2；而缺失的另外 1/2 正好给了我们发挥创造力的空间。如果我们把图中的三角形复制一下，再颠倒一下，拼接到空白的地方，那么这个不完整的长方形就被我们补齐了。补齐后的矩阵形式更加简单：它是一个由 10 行石块组成的长方形，每一行有 11 块石头，显然，补齐后，石头的总数是 110 块。

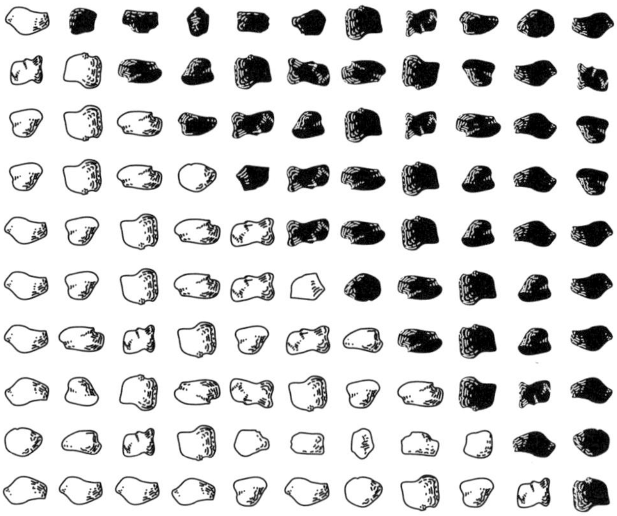

我们知道，补全为长方形后，石头的总数增加了一倍。也就是说，原来的石头的块数是现在的1/2，用110除以2，我们就可以轻松地知道原来石头的块数是55块。

这种借助摆石头来做算术的方法，可能看起来有些奇怪，但其实这是一种非常古老的计算手段，数学有多长的历史，这种摆石头算法的历史就有多长。熟悉语言学的读者应该知道，计算一词，英文中叫作calculate，这个词是由拉丁语词汇calculus演化而来的，calculus在拉丁语中的意思正是“计算用的鹅卵石”。要体会计算的乐趣，领略数学的美妙，你并不需要爱因斯坦般的天赋（“爱因斯坦”在德语中的意思是“一块石头”），但手持一些小石块确实能够帮助你更直观、更形象地理解一些巧妙的计算方法。

第 3 章

“敌人的敌人就是朋友”与“负负得正”法则

一般来说，老师教会学生加法运算以后，就会马上让他们学习减法运算，这恐怕是世界各地数学教育通用的教学方式了。因为加法运算和减法运算所用到的数学技巧基本一样，逆转加法运算的过程就是减法运算了。减法运算最大的难点是“借位”，学会了“借位”的技巧，做减法就变得轻而易举了。实际上，加法中已经有了“进位”的技巧，减法中的“借位”就是加法中“进位”制运算过程的逆运算。如果你会做 23 + 9 的运算，那么 23 − 9 的运算也应该很容易掌握。

但实际上，问题并不是这么简单。如果我们在一个更深的层次上探究这个问题，就会发现，减法运算其实给我们制造了一些加法运算中不会出现的复杂问题：减法会产生负数。如果你只有 2 块曲奇饼干，而我非要从你那里拿走 6 块曲奇饼干，会产生什么样的结果呢？显然，现实中我无法成功地拿走 6 块曲奇饼干，因为你根本没有那么多块饼干。但是，从理论上来说，我完全可以从你那里拿走 6 块曲奇饼干，而你则剩下负 4 块饼干（先不讨论负 4 块饼干有什么含义）。

减法的出现，使得人类不得不扩展我们对数字的认识。负数的概念要比正数的概念抽象得多——从来没有人见过负4块曲奇饼干长什么样子，更加没法吃到负4块曲奇饼干——但是，通过抽象的思维，我们可以想象出负4块曲奇饼干。实际上，要想在数学的世界中继续前进，你就必须学会想象负4块曲奇饼干的概念。日常生活中，负数的概念无处不在，从我们的个人债务到银行账户的欠款；从零摄氏度的温度到地下的停车场，这些都会涉及负数。

虽然我们都听说过并且时常接触负数的概念，但很多人对负数的真正含义仍然一知半解。我的同事安迪·鲁伊纳曾向我指出，在日常生活中，人们其实一直在使用各种各样有趣的途径，千方百计地绕过令人害怕的负数。在共同基金发给客户的账单上，亏损的数额通常用红色字体来表示，或者是加上括号以区别于赢利的数字，这些小技巧都是为了避免负号的出现。在历史书上，恺撒大帝的出生年份被表示为公元前100年（100 B.C.），这也是为了不写出－100这个令人不安的数字。地下停车场所处的楼层被标记为B1层（地下一层）、B2层（地下二层）等，因为人们不喜欢看到－1层、－2层这样的标示。温度的表示恐怕是唯一的例外，人们有时确实会说：室外温度是－5摄氏度（至少在我居住的美国纽约州伊萨卡市，人们会这么说，不知道世界其他地方的人是怎样表述零摄氏度以下的温度的）。小小的负号好像带着某种令人恐惧的魔力，负号是如此“负面”，以致大家总是唯恐避之不及。

比负号更加令人不安的是“负负得正”的奇怪法则：负数乘以负数居然会得到一个正数！我想，我有必要试着向大家解释一下“负负得正”法则背后的玄机。

当我们用一个负数乘以一个正数的时候，这个算式的意思到底是什么呢？比如，我用 $(-1)\times 3$，这到底是一种什么样的运算呢？我们都知道 1×3 的意思很简单，就是 $1+1+1$，那么以此类推，$(-1)\times 3$ 的意思自然应该是 $(-1)+(-1)+(-1)$，所以 $(-1)\times 3$ 应该等于 -3。如果你对此还有任何疑问，我们可以用借钱和还钱来进行一个类比：如果你每周向我借 1 元钱，那么 3 周以后你一共欠我 3 元钱，这应该很容易理解。

理解了 $(-1)\times 3$ 的意思，我们只要再进一步，就能理解为什么会有“负负得正”的规律。看看下面这几行算式：

$$(-1)\times 3=-3$$

$$(-1)\times 2=-2$$

$$(-1)\times 1=-1$$

$$(-1)\times 0=0$$

$$(-1)\times(-1)=?$$

看一下这些等式右边的数字，它们有什么规律呢？很显然，这些数字是逐渐增加的：-3，-2，-1，0……每个算式的得数比上一个算式的得数增加 1。所以，从逻辑上来说，$(-1)\times(-1)$ 的得数必须是 1，对吗？

这是 $(-1)\times(-1)=1$ 的解释方法之一。这种解释方法的优点是，它保留了正常数学运算的规律：适用于正数的规律也应该适用于负数。

如果你是一位冥顽不化的实用主义者，你可能会问：现实生活中真的是“负负得正”吗？这种规则在现实生活中，真的有对应的现实意义吗？我不得不承认，很多时候“负负得正”的规则似乎并不适用。传统智慧总是教育我们要亡羊补牢、迷途知返，因为“两个错误的行为并不能互相抵消为一个正确的行为”，错上加错的行为只会使结果越错越厉害。在语言上，也有很多“负负不得正”的例子，有时候两次否定仍然表示否定的意思，比如：在英语中，“I can’t get no satisfaction”表示的意思是“我不满意”。（写到这里，我不得不感叹语言是一种多么玄妙的东西，牛津大学的杰出语言哲学家J·L·奥斯汀曾经做过一次语言学的讲座。讲座中，奥斯汀指出：在很多语言里，双重否定表示肯定，但没有任何语言里的双重肯定会表示否定的意思。对此，听众席中的哥伦比亚大学哲学家西德尼·摩根贝沙在台下讽刺地回应道：“说得对，说得对！”）

但是，在现实生活中，仍然有很多“负负得正”的例子存在着。一个神经元细胞发出的指令可以被另一个神经元细胞发出的指令所抑制。如果第三个神经元细胞发出的指令又抑制了第二个神经元细胞，那么第一个神经元细胞就可以再次发出指令。在这个例子中，第三个神经元细胞发出的指令虽为抑制指令，但对第一个神经元细胞来说，其效果实际上是“兴奋”或者“解除抑制”，这就是双重抑制等于兴奋的一个“负负得正”的例子。在基因和蛋白质的互动过程中，也有这样“负负得正”的例子：有时候，基因片段会因某些分子的抑制作用而不能发展、起作用；而特定的蛋白质可以将这些有抑制作用的分子抑制住，于是基因片段又可以起作用了。

如果说这些生物学的例子是抽象的，那么我还想到了一个更好、更直接的政治学和社会学的例子。俗语说：“我的敌人的敌人就是我的朋友”，与此相关的说法还有“我的敌人的朋友就是我的敌人”、“我的朋友的敌人就是我的敌人”等。这些十分绕口的话其实都可以用一个三角图形来清楚地表示。

在下图中，圆圈表示关系中的各方。在这一图形中，各方可以是个人和个人、公司和公司，也可以是国家和国家。连接圆圈的线段表示双方之间的关系，正面的朋友关系用实线表示，负面的敌对关系用虚线表示。

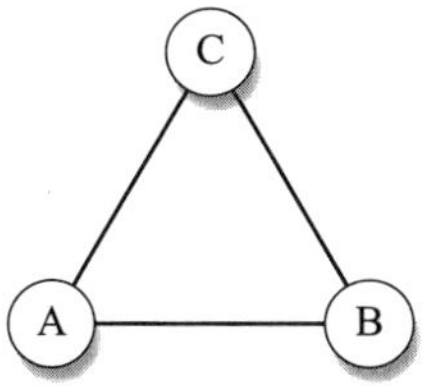

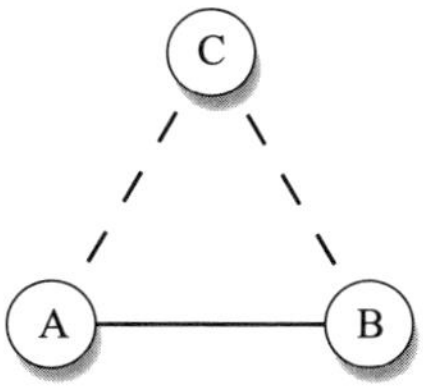

在社会学中，左图的关系被称为“均衡关系”。在这幅图中，各方之间都是朋友关系，任何一方都没有理由改变态度，因为与朋友的朋友保持友好关系是很自然、很正常的一件事，这个关系网是稳定的。同样，右图呈现的这种一条实线、两条虚线的关系图也是一种“均衡关系”，这幅图中的关系网也是稳定的。虽然图中表述的是敌对关系，但是没有矛盾和不稳定的地方。要知道，共同的敌人永远是稳固友谊的基石。

当然，三角形的关系图也可能会出现不稳定的“非均衡关系”。例如，如果三角形中的三方彼此都是敌对关系，那么这样的关系图就是不稳定的：矛盾相对较小的两方往往倾向于联合起来共同对抗第三方。

还有一种更不均衡的三角形关系图，那就是图中只有一条虚线。例如，卡罗尔和爱丽丝是朋友，同时，卡罗尔和鲍勃也是朋友。但是，鲍勃和爱丽丝却是敌人。比如，鲍勃和爱丽丝两人曾经是情侣，却因分手导致关系破裂，如今鲍勃和爱丽丝都向自己的朋友卡罗尔抱怨对方。不难理解，这种情况会给整个朋友圈带来极大的心理压力。要使这个关系网恢复平衡，要么鲍勃和爱丽丝的关系缓和，要么卡罗尔与双方中的一方决裂，站到另一方的阵营中去。

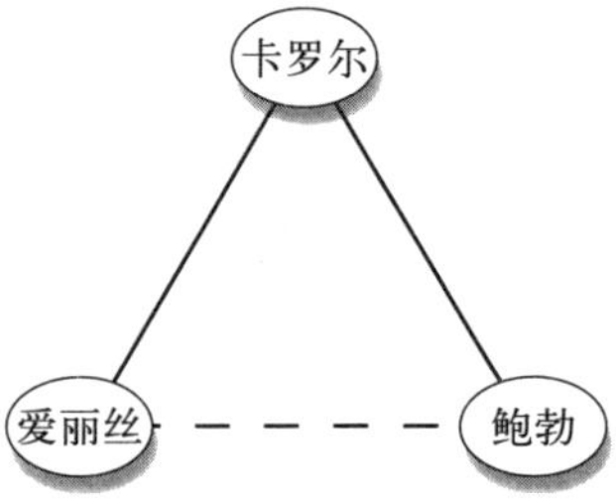

不管是上述的哪一种情况，关系图的平衡与否都与乘法有着很大的关系。如果任意两边符号的乘积（无论正负）等于第三边的符号，那么这个三角关系就是稳定的。而在不稳定的三角形关系图中，两边符号的乘积和第三边的符号是相反的。

这些关系网背后的含义我们暂不谈论，即使我们从一个纯数学的角度来审视这些关系网，也会发现一些有趣的问题。考虑一个多边的关系网，假设网络中的每一方都认识其他各方，让我们来考虑这样一个问题：哪些关系结构是稳定的？显然，“各方都友好”是一个很稳定的网络结构：网络中的各方彼此之间都是朋友关系，网络中的每一个三角形都是均衡的（三边均为实线），所以，这个关系网肯定是稳定的。比较不容易想到的是，稳定的关系网络结构并不只这一种。比如，“冷战”也是一种稳定的关系结构：网络中的所有人分为两大敌对阵营（两个阵营可以是任意大小、任意组成形式的），同一阵营里的所有人互为好友，而与对方阵营里的每个人都互为敌人（这种情况恐怕相当常见）。事实上，这种两级化的“冷战”关系网是非常稳定的，这是唯一一种稳定性能和“各方都友好”型关系网相媲美的关系结构。因为我们不难验证，任何分出 3 个阵营的关系网都会使关系网中的某些三角形处于不均衡状态。

很多历史学家用这种关系网络的模型来分析第一次世界大战前的国际形势，1872~1907 年间，英国、法国、俄国、意大利、德国和奥匈帝国之间的关系发生过多次反复：一时结成联盟，一时又翻脸反目。这些关系的变化都可以用下图的关系网络表示出来。

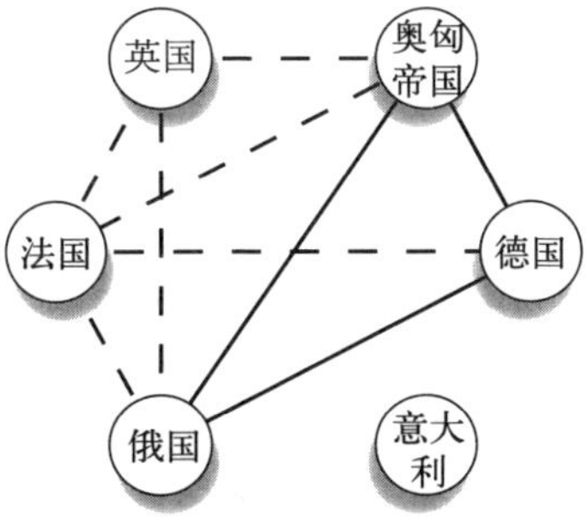

三帝同盟，1872~1881年

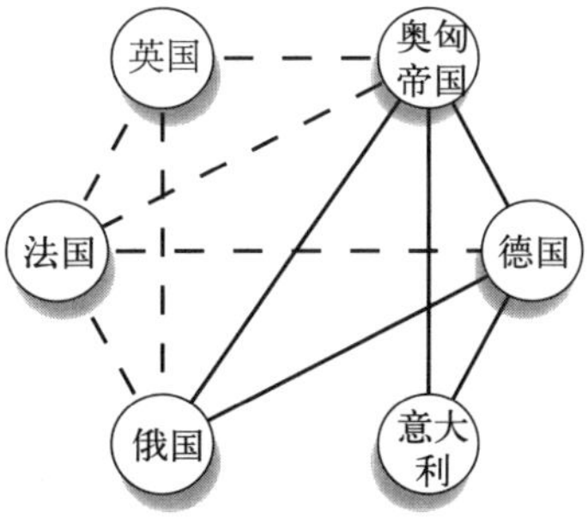

三国同盟，1882年

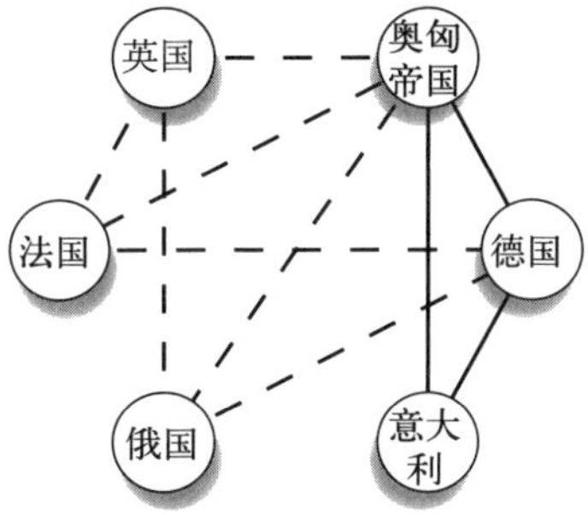

德俄失和，1890年

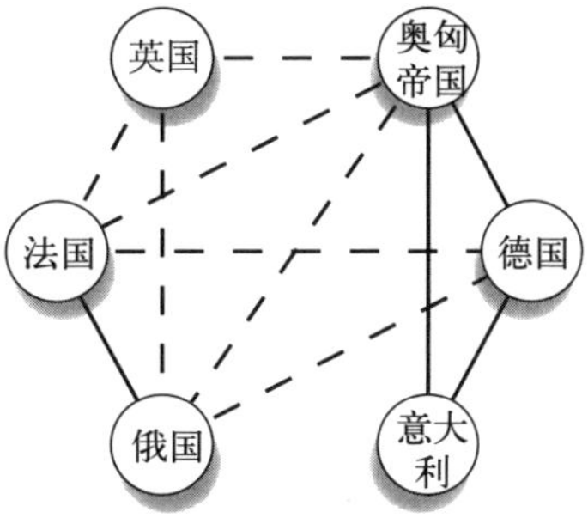

法俄同盟，1891~1894年

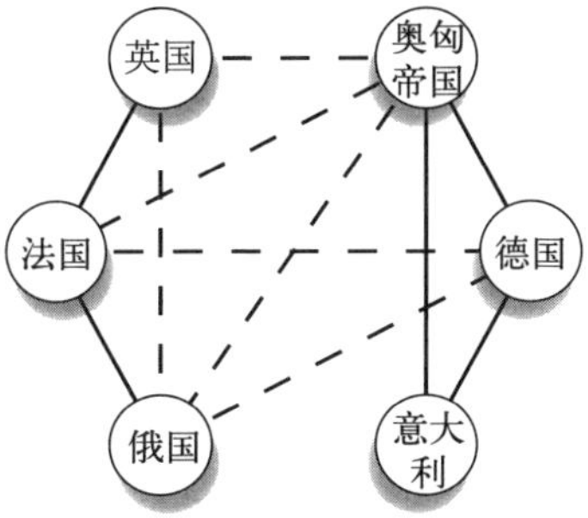

英法协约，1904年

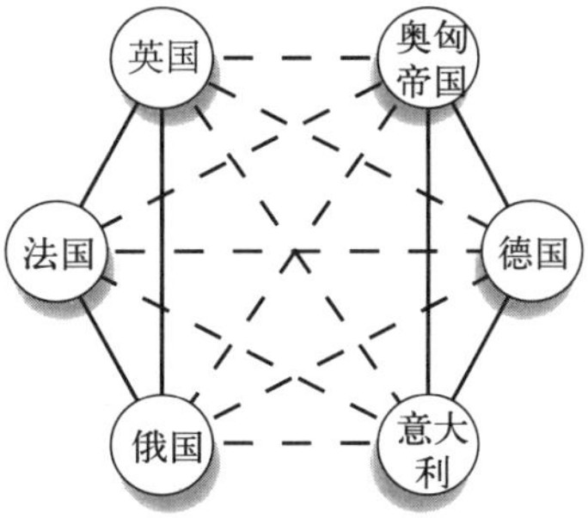

英俄同盟，1907年

经过分析可以看出，前5幅关系图都是不均衡、不稳定的关系图，因为每幅图中至少有一个三角形是不均衡的。为了解决相互关系中的不均衡性，这6个国家不断地重新结盟或关系破裂，但每次的变化又造成了关系网中新的不均衡性。最终，在第6幅图中，欧洲分裂成了两个势不两立的敌对阵营，这样的关系网络在理论上是稳定的，但两大阵营的敌对关系最终把整个欧洲拖进了战争的深渊。

举这个例子，并不是为了说明关系网络的模型有多么强大的预测能力，事实上，这种模型的预测能力并不强大，稳定的关系网也不能避免战争的发生。在这里，我想说明的是，这些复杂的国际关系变化在很大程度上都基于一个非常简单的道理："我的敌人的敌人就是我的朋友"，而这个道理其实就是乘法运算中最基本的"负负得正"法则。只要能从纷繁复杂的表象中提炼出事物的抽象本质，负数运算这种看似与现实世界关系不大的数学技巧，其实可以帮助我们解开很多现实生活中的难题，看清很多现象背后的必然趋势。

第 4 章

交换律：7×3 与 3×7 都等于 21

儿童的数学教育方法就像国际形势一般充满变数，差不多每过 10 年的时间，就会出版新的教材和出现新的教学方法。这些变化的结果就是，每一代父母都在儿女的数学教材面前一筹莫展。20 世纪 60 年代，我的父母就受到了这样的打击，他们惊讶地发现自己竟然无力辅导我小学二年级的数学功课，因为他们从没学过对数，也完全没听说过维恩图这种东西。

现在，轮到我面对这样的难题了。“爸爸，你可以告诉我怎么做这道乘法题吗？”我心想：“当然没问题，不管怎么说我也是大学数学教授。”但是，没过一分钟，我的女儿就开始抗议了：“爸爸，老师不是这么教的啊，你那是老式的算法了。你难道不知道‘格子乘法’吗？那‘部分乘积’你总该知道吧？”

这些打击人自信心的情形一再发生，这促使我重新考虑乘法最基本、最原始的意义。虽然乘法看似是很简单、很自然的运算，但仔细想想，其中还真有不少微妙的地方。

就说乘法代表的意思，7 × 3 到底是指“3 个 7 相加”，还是“7 个 3 相加”呢？

在某些文化和某些语言中，这个问题表述得会比较清楚。我有一个来自伯利兹的朋友，他是这样背诵乘法口诀表的："1乘以7得7，2乘以7得14，3乘以7得21……"他的这种方法很清楚地解决了上一节中提出的问题，在每个算式中，第一个数字是乘数，第二个数字是被乘数。莱昂纳尔·里奇的经典歌曲的歌词"你是我一辈子、两辈子、三辈子的恋人"里也同样沿用了这种方法。（如果歌词是"你是我恋人的三辈子"，这歌准红不了！）

可能你会觉得我说了这么多话，完全是废话，哪个是乘数、哪个是被乘数有区别吗？ 3×7 和 7×3 难道得出的不是同一个结果吗？你说得也没错。但是，我之所以提出这个问题，是因为我想在此深入地讨论一个较为抽象的问题：乘法的交换律真的是这么明显吗？ $a\times b=b\times a$ 真的是理所当然的吗？我记得我在小时候第一次学到乘法交换律的时候，觉得十分吃惊，你是不是也跟我一样呢？

为了体验乘法交换律的神奇之处，让我们先假装自己并不知道 3×7 等于 7×3。我们先来计算3个7的结果是多少：背一下乘法口诀表，一七得七，二七十四，三七二十一，我们知道答案是21。我们再来计算一下7个3的结果是多少：一三得三，二三得六，三三得九……你不觉得有点儿奇怪，这些数字与7的乘法口诀表里的数字一点儿都不一样！然后我们继续背下去……四三十二，五三十五，六三十八，然后，哈，七三二十一！

通过上面的一段描述，我想说明这样一个问题：如果你把乘法运算看作多次加法（即在一个数字上加上同一个数字，反复多次），那么乘法的交换律并不是显而易见的。

但是，如果我们借助一些视觉上的帮助，这个问题就清楚多了。我们不妨把 7×3 想象成一个长方形的矩阵，每行有3个小点，一共有7行，如下图所示。

只要把这个矩阵水平旋转 90 度，这个 7 行 3 列的矩阵就变成了一个 3 行 7 列的矩阵。显然，把一个矩阵水平旋转 90 度并不会改变矩阵中小点的数量，所以 3×7 等于 7×3。

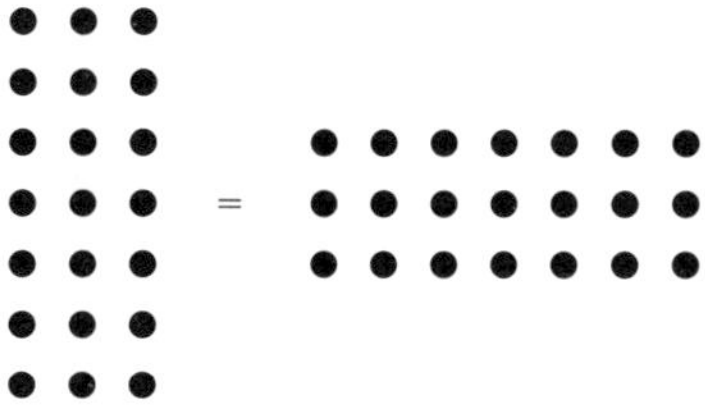

7×3 = 3×7

乘法交换律看似简单，但是在日常生活中，人们却常常忘记这一定律。尤其是当我们进行和金钱有关的计算时，大家常常忘记了乘法交换律，或是一时反应不过来。我来给大家举两个例子。

假设你在商场准备买一条新牛仔裤。牛仔裤的标价是 50 美元，现在购买可以享受 8 折优惠。这个折扣价格还是挺有吸引力的，但是在美国购物需要缴纳消费税，消费税是商品价格的 8%。如果你有意购买这条牛仔裤，店员就会非常热情地恭维你：呀，这条裤子真是太适合你了，你看多合身啊，穿着多显身材啊。说完这些话以后，店员就开始扫描价签帮你结账，在这个过程中，这个店员突然停下来，神神秘秘地说："我再给你打个折吧，我先在原价的基础上算消费税，然后再给你打 8 折，这样的话就能帮你多省几元钱，你认为怎么样？"

这个店员真是热情。不过，你听完她说的话总觉得哪里有点儿不对劲。于是，你回答说：“谢谢，不用了。你还是先给我 8 折优惠，再计算消费税吧，这样我应该能少付点消费税。”

我来问你：这两种算法，到底哪一种比较省钱呢？（假设两种算法都不违反消费税法规。）

面对这样的问题，很多人一时反应不过来。他们会用加法来解决这个问题，先算出税款和折扣额，再从总价里减去折扣额，加上税款，得到最后应付的价格。按照店员的算法，牛仔裤原价为 50 美元，8% 的消费税就是 4 美元，税后总价为 54 美元。然后，店员给顾客 8 折优惠，54 美元的 20% 是 10.80 美元。54 美元减去 10.80 美元，最后应付 43.20 美元。而按照顾客的算法，先按照原价打 8 折，即 50 美元的折后价为 40 美元，然后 40 美元的 8% 是 3.20 美元，最后应付金额是 40 美元加上 3.20 美元，仍然是 43.20 美元。

原来两种算法的结果是一样的，真是神奇！

但实际上，我们根本没必要进行这么复杂的计算，只需使用乘法交换律就可以解决这一问题。速算的关键是用乘法代替加法。按照店员的算法，先加 8% 的消费税，再打 8 折，也就是原价乘以 1.08，然后再乘以 0.8。而顾客的算法则是先打 8 折再加消费税，也就是原价乘以 0.8，然后再乘以 1.08。因为乘法交换律的缘故，$1.08 \times 0.8 = 0.8 \times 1.08$，所以，这两种算法的实付金额显然是没有差别的。

如果说买牛仔裤是一件小事，那么，养老金账户的选择就是一个很大的理财决策了。很多人都弄不清楚，究竟应该选择传统的养老金计划，还是应该选择 401（k）养老金计划。抽象来说，这个问题是，如果你有一笔钱用于投资，你可以选择在投资开始时先缴税，也可以选择在投资结束收回资金时再缴税，那么你到底应该怎么选择呢？

与上面买牛仔裤的例子一样，乘法交换律告诉我们，如果其他因素（税率、投资回报率等）相同，那么先缴税与后缴税是一样的（遗憾的是，这些其他因素很少会完全一样）。如果说投资的年回报率相同，缴税的税率也相同，那么不管是选择投资一开始的时候缴税，还是选择投资结束收回资金的时候缴税，结果都是一样的。

当然，我这里讨论的是数学原理，而非理财建议。在现实生活中，问题往往并没有这么简单，在养老金计划的选择上，有很多额外的问题需要考虑，比如，在你退休的时候，你的收入是比现在高还是比现在低？税率是比现在高还是比现在低？你是否打算每期按政府规定的上限缴纳养老金的个人部分？你认为到你退休时，国家的养老金提取免税政策会有变化吗？如果不考虑这些因素（请不要误解我的意思，这些因素都是需要详细考虑的，只是从数学的角度来说，不考虑这些因素会使问题较为简化），那么先缴税还是后缴税是没有区别的。在这里，我只是想说明一个问题：乘法交换律在很多理财决策中都是很有用的。

关于如何选择养老金账户的问题，网上的很多个人理财讨论区里都有非常激烈的讨论。虽然从乘法交换律的角度来说，有些争论是毫无道理的，但是网上还是有很多贴吧吧主和博主坚决不承认这一点。你看，到了实际应用中，乘法交换律并没有得到广泛认可，很多人都没有完全掌握这个简单的法则，因为有些时候乘法交换律和我们的直觉是相互抵触的。

为什么我们会有意无意地忽视或抵制乘法交换律呢？也许是因为在我们的日常生活中，做事的顺序往往比较重要，先做还是后做的结果往往不同。你不能先吃蛋糕然后再去买蛋糕；你也不可能先脱袜子，然后再脱鞋子。

著名的物理学家穆雷 · 盖尔曼对交换律有着十分“独特”的认识。这位十分成功的科学家在年轻时也曾为自己的未来担忧。当时，盖尔曼即将从耶鲁大学毕业，准备进入研究生院深造。盖尔曼对学校的品牌十分在意，他认为自己必须在常春藤盟校继续攻读博士学位。遗憾的是，普林斯顿大学的研究生院没有录取盖尔曼，虽然哈佛大学录取了他，却迟迟不肯给他发奖学金或助学金。当时，盖尔曼最好的选择就是去麻省理工学院攻读博士学位，他为此感到极度沮丧，因为在盖尔曼的心目中，麻省理工学院只不过是一所脏兮兮的技术类学院，根本不符合他高贵的品位。最后，盖尔曼还是接受了麻省理工学院的录取通知，去那里继续完成学业。多年以后，当谈起自己当年的选择，盖尔曼声称，当时自己甚至考虑过自杀。他表示，之所以放弃了自杀的念头，是因为他意识到去麻省理工学院读书和自杀两件事是不服从交换律的：去麻省理工学院读书并不妨碍他日后自杀，但如果自杀了就不能再去麻省理工学院读书了。既然日后如有需要时仍可以选择自杀，不妨先去麻省理工学院读书。

对于不可交换律的重要性，盖尔曼是十分敏感的。我相信，作为一名量子物理学家，盖尔曼在日后的学习和工作中一定对不可交换律有着更为深刻的理解：很多时候，自然界就是不服从交换律的。而且，这绝对是一件好事。正是因为有了不可交换律，世界才能是我们今天看到的样子。如果任何事物都服从交换律，物质就不可能是固态的，原子也会自动毁灭。

在量子力学发展的初期阶段，维尔纳·海森堡和保罗·狄拉克发现了一条和我们平常的直觉认识极不相符的重要定律。如果我们用p表示一个粒子的动量，用q表示这个粒子的位置，那么，出乎人类意料的是，在自然界中，$p \times q \neq q \times p$。这条定律就是著名的海森堡测不准原理。如果自然界没有这种奇妙的不可交换律，原子就会毁灭，万事万物，包括我们人类也都不可能存在。

所以，我们每个人都应该注意自己的p和q，并且把这个道理教给我们的孩子。

第 5 章

无理数：除法带给我们的困惑

其实，算术这个学科有一条自带的评论音轨，告诉我们算术的本质和目的到底是什么。可惜的是，大部分学习数学的人都忙于研究长除法和公分母，而完全关掉了这条评论音轨。在我看来，这条音轨才是算术的本质：算术就是不断寻找更全面、更完美的数字的过程。

如果我们只满足于数数，满足于加法和乘法运算，那么自然数，也就是 1、2、3……就足够用了。但是，聪明的人类很快就提出了一个更为高级的问题：如果什么都没有，该如何表示？我们需要创造一个新的数字，那就是零。接下来，既然我们可以借款和负债，那么我们又需要负数。加入零和负数以后，这个新的数字集合就是整数。整数和自然数一样，是非常自然和完整的，但整数的产生赋予人类更多的力量：现在我们不仅可以进行加法和乘法运算，还可以做减法运算。

但是，当我们试着和别人分享东西，新的问题又产生了。把一个数平均分成几份有时是不可能的，除非我们再次扩大数字定义的范围。为此，我们发明了分数。分数是两个整数的值，所以它的学名叫作有理数。很遗憾，当接触到有理数的知识，很多学生就开始感到迷惑，并视数学为恐怖的学问了。

确实，除法以及除法的结果产生了不少让大家迷惑不解的东西。其中最令人抓狂的莫过于描述整体的一部分居然可以有那么多种不同的方式 。

如果你把一块巧克力蛋糕从中间切开，切成大小相同的两小块，那么你可以说每一小块是整块蛋糕的“一半”。你也可以说，每一小块是整块蛋糕的 1/2（1/2 的意思就是两份同样大小的东西中的一份，1 和 2 之间的那一条线正是象征着切割）。除此之外，你还可以说，每一小块蛋糕是整块蛋糕的 50%，50% 就是 100 份中的 50 份。除此之外，你还可以引入小数的概念，你也可以说每一小块是 0.5 份整块蛋糕。

也许正是因为选择过多，我们才会在面对分数、小数和百分数的时候感到迷惑，感到无所适从。电影《我的左脚》中就有一个鲜活的例子。《我的左脚》讲的是克里斯蒂 · 布朗的真实故事。克里斯蒂 · 布朗是一位天才的爱尔兰作家、画家和诗人。克里斯蒂 · 布朗出生在一个工薪阶级的大家庭中，先天患有脑瘫，几乎无法说话，也不能控制自己的大部分肢体活动。只有他的左脚是灵活的。从小，克里斯蒂 · 布朗一直被家人当作一个残疾人，尤其是他暴虐的父亲，总是对克里斯蒂充满仇恨，十分残酷地对待他。

电影中最关键的情节之一是发生在厨房里的一幕。克里斯蒂的姐姐正坐在父亲旁边，安静地做着数学作业。而克里斯蒂仍像往常一样，歪歪扭扭地坐在椅子上，被安置在房间的角落里。突然，克里斯蒂的姐姐打破了沉默，她问父亲：“1/4 的 25% 是多少？”她的父亲仔细地想了想，回答说：“1/4 的 25%？这真是一个愚蠢的问题。1/4 不就是 25% 吗？ 难道还有 1/4 的 1/4 吗？”姐姐回答说：“当然有 1/4 的 1/4 啦，克里斯蒂，你说呢？”这时，克里斯蒂的爸爸轻蔑地说：“啊，你问他？他懂些什么？”

听了这话，克里斯蒂歪歪扭扭地用左脚拿起一支粉笔。他艰难地调整着粉笔的角度，在地上的石板上画下了一个 1，然后画上一条斜线，接着写出了一个让人看不懂的符号——他想写的是 16，但却把 6 这个数字写反了。焦急的克里斯蒂用脚跟擦掉了那个写错了的数字 6，试着重写，但是这一次粉笔动得太快，又把数字 16 变成了一个没人能看懂的符号。克里斯蒂的父亲冷笑道："我看他只是神经质地抽风吧。"说完就转身走开了。克里斯蒂则筋疲力尽地靠在了椅背上。

这一幕的戏剧张力非常大，但对我来说，印象最深刻的还是克里斯蒂的父亲对数学概念的理解是多么僵硬、死板。到底为什么他会觉得不能有 1/4 的 1/4 呢？也许对他来说，只有一个完整的东西才能有 1/4 ？或者只有已经进行了四等分的东西才有 1/4 ？但是，我想他没有理解的是：其实任何东西都可以进行四等分。即使一个东西已经是整体的 1/4 ，也完全可以再进行四等分，得到其中的 1/4，下图清楚地表示出了这个过程。

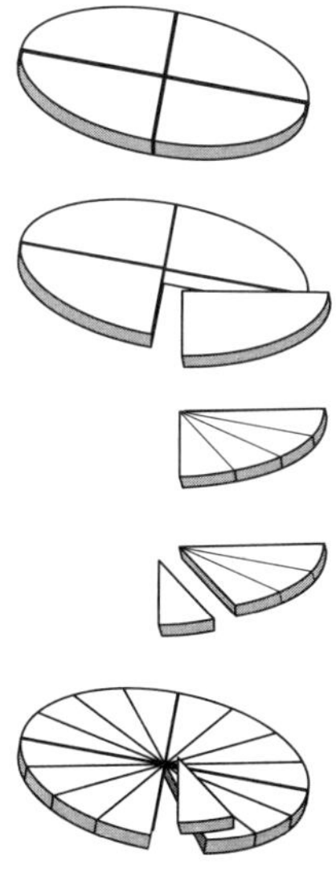

从图中可以看出，最后这个圆形一共被分成了16份，也就是说每一小份都是整体的1/16。克里斯蒂试着在地上写出的数字正是1/16，他想的一点也没错，1/4的1/4就是1/16。

类似的僵化思维的误区在实际生活中时常出现，只不过在网络化的今天，这样的误区也穿上了网络化的外衣。几年前，一位名叫乔治·瓦卡罗的顾客和威瑞森电话公司的客服人员产生了争论。因为有理说不清，这位愤怒又无奈的顾客把他和威瑞森公司两位客服人员的通话录音发布到了网络上。这位顾客称，他使用电话公司的数据业务，合同约定的资费是每千字节0.002美分，但实际的账单是每千字节0.002美元，实际收费是合同规定的100倍。瓦卡罗和客服的有趣对话的点击率很快爬升到Youtube网站喜剧版的前50名。

下面，我来摘录一段他们的争论，这段争论发生在录音播放到约1/2的地方，对话的双方是乔治·瓦卡罗和威瑞森公司的一位客服经理安德烈。

瓦卡罗：你知道1美元和1美分是有区别的吗？

安德烈：当然。

瓦卡罗：那你知道0.5美元和0.5美分是有区别的吗？

安德烈：当然。

瓦卡罗：好，那么0.002美元和0.002美分，难道就没有区别吗？

安德烈：没有区别。

瓦卡罗：什么？为什么没有区别？

安德烈：我的意思是说，没有0.002美元这个概念。

几分钟以后，安德烈说道："你看，显然1美元就是1.00美元，对吧。那么0.002

美元到底是什么东西？我从来没有听说过 0.002 美元。0.002 美元根本不是整数啊！”

对于客服经理安德烈来说，不会转化美元和美分只是她的问题之一。对她来说，真正的障碍是，她无法理解和想象 1 美元或 1 美分中的一小部分是什么意思。

关于小数的概念是如何让人迷惑，我自己绝对有着第一手的经验。我在读 8 年级的时候，斯坦顿老师开始教我们如何把分数转化成小数。通过长除法，我们发现，有些分数可以转化成末尾全部为零的小数，比如 1/4 = 0.25 000……，0.25 000……可以简单地表示为 0.25，因为末尾的那一串零没有任何意义。但是，也有一些分数会转化成为结尾无限循环的小数，比如：

$$\frac{5}{6} = 0.833\,3\cdots\cdots$$

我个人最喜欢的分数是 1/7, 它所转化成的小数每 6 位循环一次：

$$\frac{1}{7} = 0.142\,857\,142\,857\cdots\cdots$$

这些内容还没有把我难倒，但是当斯坦顿老师教给我下面的知识时，我完全被弄糊涂了。斯坦顿老师给出了这样的一个等式：

$$\frac{1}{3} = 0.333\,3\cdots\cdots$$

斯坦顿老师说，在这个等式中，我们可以把两边同时乘以 3，得到一个新的等式：

$$1 = 0.999\,9\cdots\cdots$$

由此可知，1 和 0.999 9……必须是相等的。

我彻底困惑了，我举手说 1 和 0.999 9……不可能相等。因为不管斯坦顿老师在

0.999 9……之后再写多少个 9，我都可以在 1.000 0 后面写出同样多数量的 0，然后用我的数字减去她的数字，两个数字的差永远不会等于零，而应该是 0.000 0……01 这种形式。

其实，我的这一举动就和克里斯蒂的父亲或是上文中提到的威瑞森公司的客服经理一样，虽然有人向我严格地证明了这个结论，但我就是无法接受它。我看得懂这个证明，但我就是拒绝相信这个结论。（我想你一定也认识几个这样的人吧。）

麻烦还没有结束（或者说精彩的内容还在后面），再读下去你恐怕就要听到自己的脑细胞在吱吱作响了。在斯坦顿老师的课上，我们学到了世界上还存在一种无限不循环的小数，比如说，我们可以轻而易举地创造出一个令人头痛的无限不循环小数：

0.121 221 222 122 22……

每一循环节中，2 的数目都比前一节中多一个。这样的小数没有办法表示为分数。我们知道，任何分数转化为小数以后，要么是有限小数，要么是无限循环小数，这个结论是可以严格地被证明的。既然这个小数既不是有限小数，也不是无限循环小数，它就不可能是两个整数的比值，也就是说，这是一个无理数。

当然，上面的数字是我们硬造出来的，因此，你也许会觉得无理数是十分稀少的。但实际情况恰恰相反，无理数非常多。更准确地说，几乎所有的小数都是无理数，而且从统计上来看，这些无理数中各个数字的排列是相当随机的。

如果你可以敞开心胸去接受这些奇妙的事实，你就会发现，世界其实是多么混乱不堪。我们热爱和熟悉的整数和分数，其实是既稀缺又奇特的；而毫无章法的无理数才是主流。你还记得小学教室里的数轴模型吗？我们都被它那整齐又无害的外表骗了，没有人告诉过我们，其实它充满了混沌和混乱！

第 6 章

从笨拙的罗马数字到美妙的阿拉伯数字

我路过伊兹拉 · 康奈尔先生的铜像至少数百次，却从来没有仔细地观察过这个绿色雕像。有一天，我鬼使神差地在铜像前停下来，仔细地观察了一番。

康奈尔先生的铜像看起来粗犷凝重。他穿着长大衣、马夹和靴子，右手放在手杖上，还拿着一顶皱巴巴的宽檐帽。这座雕像把他表现得朴实无华、坦诚直接，让人不由心生亲切之感——伊兹拉 · 康奈尔先生的性格正是如此。

相比之下，雕像底座上的生

卒年月却显得十分刺眼和突兀，它是用浮夸虚华的罗马数字来标示的。底座上写着：

伊兹拉·康奈尔

MDCCCVII－MDCCCLXXIV

到底为什么不能用阿拉伯数字写成1807~1874呢？罗马数字虽然华丽，却是难读又难写。我认为务实的康奈尔先生才不会有耐心读这种复杂的数字呢。

在古代，找到一种简单明了的数字系统一直都是一个难题。从人类文明开始之初，我们的祖先就尝试了很多不同的计数系统，用来记录和计算数字。因为不管是从事贸易、测量土地，还是清点牲口，都需要把各种各样的数字记录下来。

只要我们粗略地研究一下人类发明的种种计数系统就会发现，它们有一些高度一致的共同点。这些共同点是由我们人类的生理特性决定的，人类进化过程中种种偶然和必然因素的共同作用，使得我们人类的两只手掌恰好各有5根手指。因此，5这个数字成为人类通用的一个计数单位。比如说，在最原始的“符木棍”计数系统中，17这个数字是这样表示的：

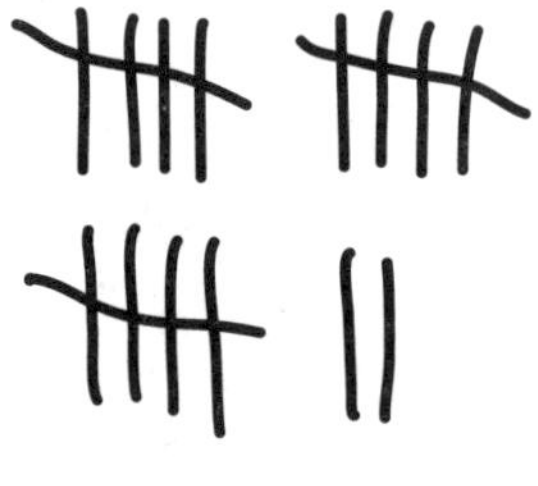

在上图中，我认为每根竖线都是以手指作为原型的。每组中出现的横线，则可能是从拇指的形象演化而来的。你看，每组的5根线像不像一只拇指弯向手掌的手呢？

和上面这个朴实无华的符木棍计数系统相比，浮夸的罗马数字只不过稍微进化了一点儿。在 1、2、3 的罗马数字写法（I、II、III）中，我们可以清晰地看到上述符木棍计数系统的痕迹。罗马数字的 5 写作 V，这个符号同样让我们联想到符木棍计数系统中的那根代表拇指的横线。4 在罗马数字里有两种写法：一种是 IIII，完全和符木棍计数系统一致（在很多风格华丽的钟表上都能看到这种写法）；另一种更常见的写法则是把 4 表示为 IV。在 IV 这种写法中，左边的 I 表示你应该从 V（5）中减去 I（1），而如果这个 I 写在 V 的右边，则表示应该把 V（5）和 I（1）相加；IV 代表阿拉伯数字 4，而 VI 则代表阿拉伯数字 6。

古巴比伦人发明的计数系统和上述系统的差别较大。古巴比伦人似乎没有那么钟情于他们的手指，他们的计数单位不是 5，而是 60。我十分佩服古巴比伦人的高贵品位，因为数字 60 是一个超凡脱俗、美丽动人的数字，它的美完全出自天然，和人类的喜好毫无关系。数字 60 是能被 1、2、3、4、5 和 6 都整除的最小整数。也许你会觉得，数字 10、12、15、20、30 也是不错的选择，但如果我们的计算涉及把整体等分成一定数目，那么用 60 作为计数单位就会显示出极大的优势。今天，我们仍然把 1 个小时的时间分为 60 分钟，把每分钟分为 60 秒，把圆周定为 360 度，这些计数方法都是在向古巴比伦人致敬。

但是，六十进制并不是古巴比伦人最传奇的数学贡献。古巴比伦人最伟大的数学贡献在于，他们提出了一个直到今天仍然通行全世界的想法。如今，这个想法看起来太过正常，已经很少有人去深思和体会其中的巧妙了。

为了解释清楚古巴比伦人的这个伟大、卓越的想法，我们先来看看如今通用的阿拉伯数字，因为阿拉伯数字以较现代的方法运用了古巴比伦人的这个巧思。阿拉伯数字并不是六十进制的，我们的计数系统基于 10 个数字：1、2、3、4、5、6、7、8、

9，以及伟大的0。这10个小家伙被我们称为“数字”，英文词汇为digit，这个词的拉丁语词根的意思是“手指”或者“脚趾”。（多么自然！）

在数学领域，这是一个天才又伟大的发明，因为虽然这个计数系统是十进制的，但它却并没有用一个专门的符号来表示10。相反的，10的概念是用“数位”来表示的，这个系统创造了“十位”（即从右往左数的第二位）来表示10这个概念。依此类推，这个计数系统里还有“百位”、“千位”、“万位”等，不论是10的几次方，均有相应的“数位”。虽然对今天的我们来说，这种计数系统是司空见惯、不足为奇的，但在数学史上，这实在是一个极其伟大的发明。计数的单位（如10进制里的10）不再用一个符号来表示，而是用一个位置来表示，就像一个停车位、一个专属地盘，就像商业上常常用到的一个口号：“位置！位置！位置！”位置才是王道！

和这种优雅简练的“数位＋数值”的计数系统相比较，罗马数字的计数系统简直可以用野蛮来形容：你需要10？没问题，X就是10。你需要100？没问题C就是100。你需要1 000？没问题，M就是1 000。不仅如此，对5、50和500，罗马数字也都有相应的符号，那就是V、L和D。

罗马数字计数系统秉持的原则是：选择一些重要的数字（1、5、10、50、100等），并赋予这些数字相应的特殊符号。然后，其他的所有次要数字均表示为重要数字的加减法组合。

遗憾的是，罗马数字计数系统在现实中用起来实在是不方便，只要被表达的数字超过几千，这个系统基本就瘫痪了。为了解决这个问题，中世纪的学者们研究出了一套修补方法，在原有的罗马数字上面加上横线，表示原来数字的1 000倍，这种蹩脚的方法使得罗马数字计数系统在数字较大的情况下勉强能用。比如，X表示10，那么$\overline{\text{X}}$表示10 000；M表示1 000，那么$\overline{\text{M}}$表示1 000 000。一般来说，不需要用到 10 亿以上的数字，但是万一有需要的话，只要在$\overline{M}$上再加一条横线就行了。如此一来，这个系统虽然笨拙又丑陋，但你却可以按此规则写出任意大的数字来。

现在我们再来看今天流行的阿拉伯数字计数系统，就会发现这个看似平凡的计数系统有多么先进了。因为有“数位”的概念，即便再大的数字，写起来都不费力气。因为有了“数位”的概念，无论是什么数字，都可以用 0 至 9 这 10 个数字来表示，你所要做的只是把这 10 个数字放到正确的位置上去。除此之外，简洁也是阿拉伯数字系统的一个极为突出的优点。任何 10 万以下的数字都不会超过 6 位。同样的数字你试试用文字、符木棍或是罗马数字计数系统来表示，你就会知道阿拉伯数字有多讨人喜欢了。

最重要的是，有了这种“数位 + 数值”的计数系统，普通人也能学会做算术。你只需要掌握一些最基本的原则，如借位法、进位法、乘法口诀表等，加减乘除运算就都不算困难的事情。这些简单的法则适用于任何数字，只要掌握了这些法则和技巧，不管是一组什么样的数字，不管数字有多大，计算起来都很简单。

有了阿拉伯数字计数系统，数字运算完全变成了一种机械的程序化活动。这正是这种“数位 + 数值”计数系统的优越之处。在这种计数系统的基础上，我们完全可以把数学运算的工作交给机器去完成。从最原始的数学计算器，到今天的超级计算机，运算自动化的程度在不断提高，这些都是以“数位”这一优美又伟大的概念为基础的。

在这里，我们必须特别表扬一下幕后英雄数字 0。如果没有 0 的存在，这一整套“数位 + 数值”的计数系统就会立即崩塌。如果没有 0 发挥强大的占位功能，那么 10 100 和 1 000 看起来就会一模一样了。

任何“数位 + 数值”的计数系统都需要一个计数单位，这个单位被称为“进制”。

我们的阿拉伯数字计数系统是十进制的，也就是计数单位为10。在英语中，十进制的单词写作decimal，这个词的拉丁语词根decem正是“十”的意思。从右向左数，第一位是个位，然后依次是十位、百位、千位等。每一个“数位”都代表10的几次方，比如：

$10 = 10^1$

$100 = 10 \times 10 = 10^2$

$1\ 000 = 10 \times 10 \times 10 = 10^3$

正如前文所提到的，我们选择十进制很可能是因为人类恰好有10根手指。这种选择是基于人类的生理特点，而非基于逻辑推理。那么，这很容易让人产生以下的疑问：十进制是不是最优的呢？还有没有比十进制更好用、更有效率的进制？

这是一个很好的问题。实际上，二进制也是一种十分好用的计数系统。大家都知道，如今我们使用的各种电子产品，从电脑到手机、数码相机，都是基于著名的二进制系统。二进制系统的优越性在哪里呢？在各种进制中，二进制所需要的符号最少：只要有0和1这两个数字就够了。大部分电子元件恰好有开和关这两种状态，这和二进制的特性配合得天衣无缝。事实上，任何有两个状态的原件（开或关，敞或闭等）都很适合采用二进制系统。

对于普通人来说，二进制的计数法有点儿别扭，需要一定的时间才能用得习惯。二进制系统仍然有“数位”的概念，但是，每一位不再是10的n次方，而是2的n次方。十进制系统有个位、十位、百位、千位等，而二进制系统则是个位、二位、四位、八位等。这是因为：

$2 = 2^1$

$4 = 2 \times 2 = 2^2$

$8 = 2 \times 2 \times 2 = 2^3$

当然，事实上，在二进制系统中，2 并不是记作 2，因为“2”这个符号在二进制系统里是不存在的。就像“10”在十进制系统里并不是一个单一的数字，而是由两个数位上的数字组合而成的。在二进制中，阿拉伯数字 2 记作 10，表示一个 2 和零个 1。同样，阿拉伯数字 4 在二进制中记作 100（一个 4，零个 2，零个 1），而阿拉伯数字 8 则表示为 1 000。

二进制在现实世界中的应用，远远不只局限在数学领域中。毫不夸张地说，二进制的力量改变了整个世界。在过去的几十年中，科学家们发现，其实所有的信息都可以用二进制的编码来表达。也就是说，除了数字以外，语言、图像、声音也都可以表达为一连串的 0 和 1。

说到这里，让我们再回到本章开头谈到的伊兹拉 · 康奈尔先生的雕像。

在雕像的背面，有一台电报机。这台电报机几乎完全被康奈尔先生的雕像所遮挡，一点儿也不起眼，但这台机器却证明了康奈尔先生对人类的巨大贡献——康奈尔先生曾和莫尔斯电码的发明人塞缪尔·莫尔斯一起，创建了西联汇款，他们创立的电报事业把整个北美大陆更紧密地联系在了一起。

康奈尔先生白手起家，他从一个不起眼的小木匠慢慢地成长为一名成功的企业家。他曾在塞缪尔·莫尔斯手下工作。莫尔斯先生的名气可能比康奈尔先生还要大，他的名字永远存在于“莫尔斯电码”之中，被人们所铭记。莫尔斯电码的那一串串符号，把英语简化成为一个电报键就可以传输的信号。其实，莫尔斯电码那两个小小的符号，就是今天计算机系统中 0 和 1 编码符号的前身。

在莫尔斯先生的鼓励下，康奈尔先生建成了美国的第一条电报线路，这条电报线路连接了美国巴尔的摩市和首都华盛顿特区。也许，从一开始，康奈尔先生就清楚地知道这些符号有着多么巨大的发展潜力。1844 年 5 月 24 日，这条电报线路正式开通，莫尔斯先生发出了世界上的第一条电报，这条电报的内容是：“上帝创造了何等的奇迹！”

The Joy of *x*

第2部分 数字之间的关系

2

第 7 章

x的乐趣与股票的盈亏

现在，我们要从小学算术升级到高中数学的水平了。在接下来的 10 章内容中，我将带大家重新复习一遍代数、几何和三角函数的相关知识。请不要紧张，我知道很多读者都已经完全忘记了这些知识，但是不要紧。请放心，这一部分的结尾并没有设任何考试或测验内容。在此，我们不会纠结于这些数学内容复杂的细节或技巧。我们要做的是，气定神闲地游览赏玩一下这些数学分支中最美丽、优雅、影响最深远的重要思想。

首先，我们来看看代数知识。代数是令很多人头痛不已的科目：复杂的符号、定义、解法，通通混在一起，令人头晕目眩、无所适从。但是，代数的本质其实是很简单的，所有这些复杂的过程，都只为了两个目的：一是解出x，二是对公式进行各种运用。

解出x，类似于一种侦破类的工作。x是一个未知数，就像未知的罪犯一样，我们的目标是，千方百计地找出这个未知数。正像侦破工作一样，两手空空是不可能破案的，我们会收集到一些关于罪犯的线索。在代数中，寻找未知数也是根据线索进行的。线索的形式主要有两种，一种是等式的形式，如 $2x + 3 = 7$；另一种是文字描述的形式（害怕文字题的同学请举手）。不管线索是什么样的形式，侦探的目标都只有一个：找出“罪犯”——未知数x。

如果说寻找x的过程是侦破和追踪的过程，那么公式的运用则可以说是科学和艺术的结合。在运用公式的过程中，我们不是着眼于一个单一的x，而是对整个算式进行变换。不管公式中填入怎样的数字，这些数字之间的关系都仍然成立，这些可以变换的数字，我们称它们为“变量”。变量的引入，正是代数区别于算术的地方。有时候，一个公式只是单纯地表达出数字之间的某种优雅的、美丽的关系。这是代数的艺术性。而有时候，公式所表达的数字之间的关系是和现实世界中的种种现象息息相关的，比如，一个公式可以表达自然界中物体的自由落体运动的规律，可以解释天体的运行轨道，可以描述一个种群中某种基因的出现频率等。代数在现实世界中的应用，展现了代数的科学性。

把代数分为两个领域（一是解出x，二是公式的运用）并不是一种标准的分类方法（其实，这种分类方法是我的个人发明），但我认为这种分类方法相当实用。在下一章中，我将和大家详细讨论如何解出未知数x的问题，而这一章的重点是公式和公式的运用。现在，我先来举几个简单的例子，希望可以把我想阐述的理念说得更加清楚。

我有两个女儿，大女儿叫利亚，小女儿叫乔。几年前，我的小女儿乔从自己和姐姐身上得到了一个重大发现。乔对我说：“爸爸，我发现我和姐姐的年龄之间总是隔着一个数字。现在我 6 岁，姐姐 8 岁，我们的年龄之间隔着数字 2。过几年，等我长大了，比如说当我 20 岁、姐姐 22 岁的时候，我们的年龄之间仍然会隔着数字 2！”

乔的这个发现属于代数的范畴，（虽然别人可能不会承认这一点，但是作为一名骄傲的父亲，我一定要坚持这一说法！）因为她发现了两个变量之间的一种关系：她的年龄x和她姐姐的年龄y，这两个变量虽然一直在变，但它们之间的关系却始终不变。不管我的两个女儿如何成长，利亚永远会比乔大两岁：$y = x + 2$。

代数就是这样一种语言，它用最自然的方法描述变量之间的关系。想要流利地掌握这种语言并不容易，我们需要一定的练习才能熟练地使用它。为什么呢？因为在代数这门语言中，存在着一些陷阱，法语称这些陷阱为“faux amis”，意思是“假的朋友”。所谓“假的朋友”，就是指两种语言中（此处的两种语言是日常用语和代数语言）的两个词语，听起来是相关联的，好像是一个意思，实际上翻译过来却是两个截然不同的意思。

比如，一条走廊的长度是y码，如果换算成英尺则是f英尺。那么，你能用公式表达出y和f的关系吗？

我有一位朋友名叫格兰特 · 威金斯，他是一位教育咨询家。威金斯曾多次用这道题目考过一些学生和老师。据威金斯说，一半以上的学生都会给出错误的答案。就算这些学生刚刚顺利地通过了代数考试，也还是会在这道题上“栽跟头”。

怎么样，你要不要试一试？如果你觉得答案是$y = 3f$，那么恭喜你，你也加入了这道题的“答错俱乐部”！

这么简单的题目，怎么会出错呢？$y = 3f$简直就是照“1 码等于 3 英尺”这句话直译过来的。但是，只要你试着代入几个数字，你就会发现这个公式写反了。比如说，走廊的长度是 10 码，人人都知道 10 码等于 30 英尺。但是，当你把$y = 10$、$f = 30$ 代入上述公式的时候，你就会发现这个公式根本不对。

正确的公式应该是$f = 3y$。在这个公式里，3 的意思是“每码为 3 英尺”。当你用码数y乘以每码 3 英尺，“y码”的码和“每码 3 英尺”的“码”相互消去，得数的单位就变成了英尺，这才是我们想要的正确答案。

在面对这种问题的时候，坚持带着计量单位进行运算，并确保计量单位能够互相消去，最后得到正确的得数，就可以避免上述错误。比如说，在第 5 章中，我们曾经讲过一个威瑞森公司的客服经理和顾客争执的故事。如果这位经理在运算的时候能注意数值的计量单位，我想她就不至于分不清美元和美分，也就不会闹出那么大的笑话了。

有一类特殊的公式被称为恒等式。还记得代数课上的因式分解和多项式乘法吗？那时候，你的操作对象就是恒等式。现在，你在生活中还是可以用到恒等式，你可以用它们来表演一些余兴数学“特技”，让你的朋友们对你刮目相看。著名的物理学家理查德 · 费曼就曾被这样的“特技”震撼过，虽然费曼的反应也很快，还善于速算和心算。费曼是这样讲述这个故事的：

在洛斯阿拉莫斯工作的时候，我发现汉斯 · 贝特的计算能力非常强。比如说，有一次我们试着把几个数字代入一个等式，当需要计算 48 的平方数是多少时，我立刻伸手去拿计算器，可是汉斯 · 贝特不假思索地告诉我：“48 的平方数是 2 300。”我半信半疑地按着计算器的按钮，贝特补充说道：“准确地说，48 的平方数是 2 304。”

果然，我按下计算器的等号按钮后，计算器显示的结果是 2 304。我满怀佩服地对贝特说：“哇，你太厉害了！”

贝特回答说：“50 附近数字的平方数算起来是有捷径的，你不知道吗？你只要先计算 50 的平方数，也就是 2 500，然后算出 50 和你所要计算的数字的差，用这个差乘以 100，再用 2 500 减去这个乘积就可以了。要算 48 的平方数的话，50 减去 48 等于 2，用 2 500 减去 200，得数就是 2 300。但是，这是一个比较粗略的得数。如果你要精确的结果的话，那就再算出 50 和你所要计算的数字的差的平方，与上面的粗略得数相加即是精确得数了。也就是，2 300 加上 2 的平方数（4），最后的结果等于 2 304。”

贝特的速算能力给费曼留下了深刻的印象。那么，贝特所说的算法，到底是用了什么样的原理呢？其实，他就是用到了恒等式：

$$(50+x)^2=2\,500+100x+x^2$$

贝特把这个恒等式背了下来，当需要计算 48 的平方数时，他只要将$x=-2$代入上述恒等式就可以得到答案。

为了对上面的恒等式有一个更深的了解，我们不妨借助图像的帮助。想象我们有一块正方形的地毯，地毯的边长是 $50+x$。

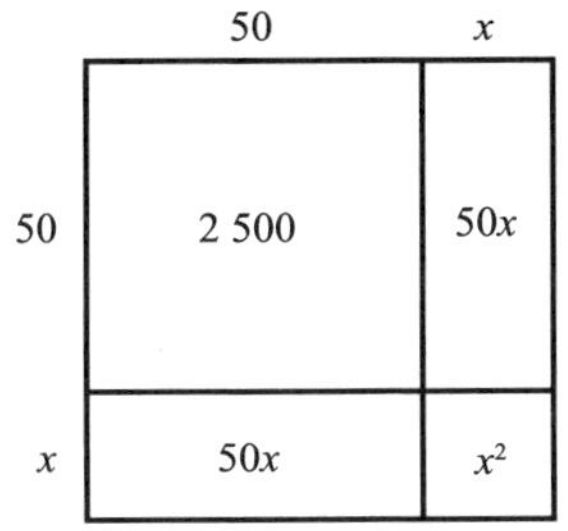

显然，这块地毯的面积就是（$50+x$）的平方数，下面，我们来看看这块地毯的面积是由哪几个部分构成的。首先，这块地毯包括一个边长为 50 的正方形区域（其面积为 2 500）；然后还有两个一模一样的 $50\times x$的长方形（面积分别为 $50x$，所以两个长方形的面积之和是 $100x$）；最后，我们还剩下一个边长为x的小正方形，这

个小正方形的面积就是贝特给出的矫正项。

恒等式表现出数字之间的关系，这种关系不仅对贝特和费曼那样的理论物理学家有用，对普通人也同样有用。比如，任何投资股市的人都可以用到一个和上文中贝特给出的恒等式类似的恒等式。假设某一年间股市低迷，你的投资组合惨痛地缩水 50%，然后第二年间股市反弹，你的投资组合又涨了 50%，那么你最终是赚了还是赔了呢？答案是，虽然第二年股市反弹，但最终你的投资组合和两年前的初始价值相比仍然赔掉了 25%。为什么呢？原因在于，第一年你的投资组合跌了 1/2，年末价值是初始值乘以 0.5。第二年股价又上升了 50%，所以第二年年末的最终价值等于第一年年末价值乘以 1.5。最终，你的投资组合的价值是初始值乘以 0.5，再乘以 1.5，也就是初始值的 0.75。所以说，你仍然赔掉了 25%的本金。

事实上，如果你的投资组合在两个相邻的年份中一赔一赚，那么不管你是先赔再赚还是先赚再赔，只要赚和赔的比率数值一样，最后算算净值你一定是赔钱的。因为我们有如下这样一个恒等式：

$$(1-x)(1+x)=1-x^2$$

在赔钱的那一年，你的股票账户的市值缩水，缩水的幅度是 $1-x$（比如，在上文中，$x=0.5$）。然后在赚钱的那一年，你的股票账户又增值了，增值的幅度是 $1+x$。所以，两年过去后，你的股票账户净值发生了如下变化：

$$(1-x)(1+x)$$

根据上文的算式，股票账户的净值变化为：

$$1 - x^2$$

重点是，只要x的值不是 0，那么 $1 - x^2$ 的值永远是小于 1 的。所以在上述情况下（两个相邻的年份一赔一赚，赚和赔的比率数值一样），你永远无法完全挽回损失。

显然，上述公式是一个比较简单的公式。事实上，各种变量之间的关系千变万化，很多公式会比上面的例子复杂得多。然而，代数的魅力是如此之大，人们总喜欢在各种各样的领域中用公式限定一些变量之间的关系，即使有时候这些公式是武断和没有道理的。比如，在恋爱方面，有种观点认为情侣之间的年龄差距不应该过大。到底年龄差距多大算是过大呢？很多网站给出了这样一个魔法公式，如果你的年龄是x，那么你的恋人的年龄必须大于 $x/2 + 7$。

也就是说，如果一位 82 岁的老先生想追求一位 48 岁的中年女士，那就太可怕、太不合适了，就算这位女士处于单身待嫁的状态也绝对不行。但是，如果这位老先生的年龄是 81 岁，那么他追求一位 48 岁的女士就完全合理。

唉，这让我该怎么说呢……

第8章

求根难题与虚拟的复数

2 500多年来，一代又一代的数学家使出浑身解数，千方百计地想要解出未知数x的值。解出未知数x的过程又叫作“求根”的过程。在人类思想史上，不断地挑战更难、更复杂的方程式，求解方程的根的过程，已经化作了一首首伟大且光辉的史诗。

被记载下来的最早的求根难题之一，出现在公元前430年的提洛岛。当时，提洛岛上发生了瘟疫，岛上的居民十分烦恼。为了解决岛上的瘟疫问题，居民们虔诚地求助于德尔斐神谕。神谕告诉岛民们，想要解决瘟疫，他们需要把阿波罗神的正方体祭坛的体积扩大一倍。不幸的是，当时的数学还没有那么发达，要把正方体形状的祭坛体积扩大一倍，就必须先计算出2的立方根，而当时的人们并不知道如何进行这样的计算。那时候，希腊人的几何工具只有两种：一是直尺，二是圆规。

后来，人类慢慢地探索出了这类问题的解法。但是，有一小块阴云却总是挥之不去，那就是，即使在人们发现了这类问题的解法以后，最终的结果中却常常会包含负数的平方根。这种根的产生时常受到嘲笑和质疑，因为负数的平方根看起来意义不明，甚至自相矛盾。

直到公元 1 700 年左右，数学家们才就这个问题达成了共识：他们认为负数的平方根应该是不存在的。

首先，负数的平方根不能是一个正数，因为正数乘以正数总是等于正数，而我们要求这个数的平方根是负数。然后，负数的平方根也不能是负数，因为我们知道负负得正，负数乘以负数也应该是正数。看起来，没有任何数字乘以自己本身以后会得到一个负数。

这是数学史上的一次危机。这样的危机也不是第一次发生了，每当一个现存运算方法的应用范围不断扩大，最终进入到一个它似乎不适用的领域时，都会产生这样的危机。比如小数减去大数就必须引入负数的概念（见第 3 章），除法的发明所产生的问题迫使我们发明小数和分数（见第 5 章）。平方根的问题最终使得数字的领域又一次被扩展了。

与前面那些危机相比，这一次的危机更加难以解决，也造成了更多的痛苦和挣扎。这些痛苦和挣扎的痕迹一直保留到了今天。直到今天，-1 的平方根仍然用符号 i 来表示，而 i 代指 imaginary，是“虚构、想象”的意思。

这种新的数字（如果你是一名不可知论者，你可能会拒绝称它为“数字”，而只承认它是一种“符号”）的性质是这样定义的：

$$i^2=-1$$

你可能立即会说，数轴上找不到 i 这个数字。你说的一点儿都没错。从这个意义上来说，i 是一种非常奇怪的数字，它比零、负数、分数，甚至无理数还要奇怪，不管怎么说，零、负数、分数、无理数在数轴上都还有它们的一席之地。

但是，只要有足够的想象力，我们也可以想象出这样的一个 i。它不存在于数轴上，而是存在于一条和数轴垂直的轴上，这条轴叫作虚轴。当你把这条我们想象出来的轴和我们熟悉的数轴融合起来的时候，我们就不再只有一条线，而是得到了一个 2D 空间——呈现出一个面——它就是我们给新型数字制造的生存空间。

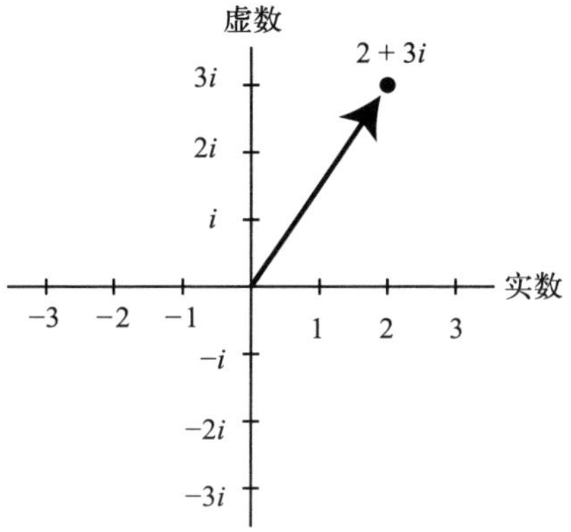

这些新型的数字叫作“复数”。“复数”的“复”并不是“复杂”的意思，而是“复合”的意思。复数包含两种数，它们是实数和虚数，这两种数组合在一起，就组成一种“混合”的数，比如 $2 + 3i$。

复数是非常伟大的发明，复数是数学的巅峰。复数有着实数的一切美好性质，你可以对它们进行加减乘除的运算。但复数却比实数更好，因为复数的根永远存在。你可以计算一个负数的平方根、立方根或者任何根，这些根仍然会是一个复数。

更美好的是，我们还有一个相关的伟大定理，那就是代数基本定理。代数基本定理告诉我们：任何多项式的根一定是复数。这个定理的重要之处在哪里呢？它意味着漫长的旅途终于走到了目的地，从此以后，数字的范围再也不需要扩大了！在这条漫漫长路上，我们人类走了很多年，这条路的起点是 1，终点和最高峰则是复数。

如果我们能使复数图像化、视觉化，你可能更容易欣赏到复数的美（即使没有达到那种程度，你也可以对它多一些了解和信任）。讲到这里，重点是搞清楚“乘以i”的过程到底是一个什么样的过程。假设我们用i去乘以任意一个正数，比如说乘以 3，那么我们就会得到一个虚数：$3i$。

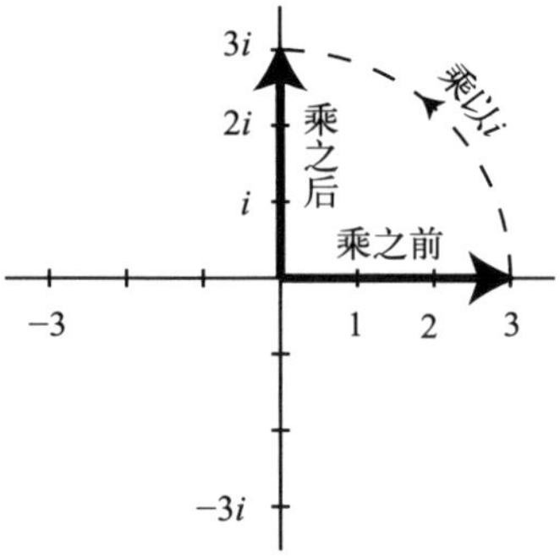

从上图中可以看出，用i乘以一个数的过程从图像上来说是一个逆时针旋转 90 度的过程。进行运算之前，实数 3 是一个方向朝东、长度为 3 的箭头；而进行运算之后，这个箭头逆时针旋转了 90 度，成为一个长度不变，但是方向朝北的新箭头。

因此，复数是电气工程师们的好朋友。有了这种简洁的方法来表示 90 度的旋转，处理电压、电流，或是电场、磁场的变化问题就方便多了，因为在这些问题中，振动或者波动的频率常常出现 1/4 周期（即 90 度）的相位相差。

实际上，几乎所有领域的工程师都离不开复数。在航空航天工程领域中，复数帮助我们简化了机翼升力的计算；在土木和机械工程领域，工程师们利用复数来分析人行天桥的振动、摩天楼的晃动，以及路面不平时车辆的振动情况。

通过观察这种 90 度的旋转，我们也能够更好地理解$i^2 = -1$的真正含义。既然一个正数乘以i意味着相应的箭头逆时针方向旋转 90 度，那么如果我们用i^2去乘以一个正数，这个正数所对应的箭头就会逆时针方向旋转 180 度（两个 90 度之和）。也就是说，原本朝东的箭头现在朝西了。

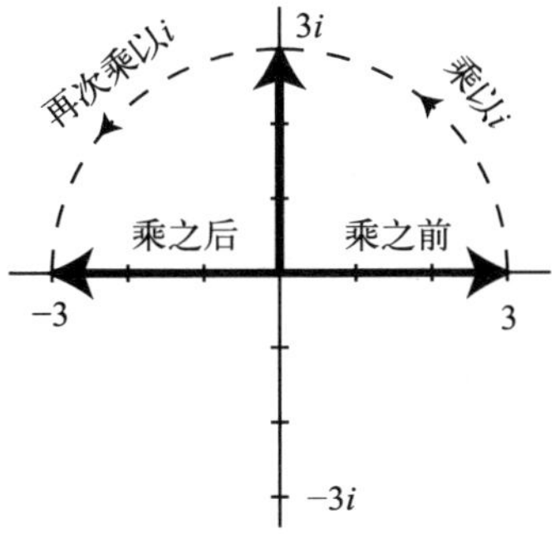

回忆一下，当我们用一个正数乘以 − 1，这个正数就变成了负数，相应的箭头逆时针方向旋转了 180 度，和上面乘以i^2的结果完全吻合。这就是为什么$i^2 = -1$。

在信息技术高度发展的今天，电子计算机给复数注入了新的活力，一些有着数千年历史的求根问题也有了新的进展。不要小看你桌上放置的小巧的个人电脑，在它们不用忙着传输网络数据或收发电子邮件的时候，它们的闲余计算能力已经足够解决很多我们祖先想都不敢想的数学问题了。

1976 年的时候，我在康奈尔大学的同事约翰 · 哈伯德开始从事牛顿法的研究。牛顿法是一种在复数域上求方程近似解的非常强大的算法。首先，牛顿法会选取一个初始值（对方程根的初始估计值），然后用一定的算法来提高和改善这个初始值，进一步接近方程的真实根。通过不断重复这个过程，每一个循环都用上一个循环的终值来作为初始值，牛顿法可以一步步地接近方程的真实根，最终求得误差很小的近似解。

哈伯德感兴趣的是有多个根的方程式。对于有不止一个根的方程式来说，上述的牛顿法最终会找到哪一个根呢？经过研究，哈伯德证明，如果一个方程式有两个根，那么牛顿法最终会找出距离初始值较近的那个根。但对于有3个或更多根的方程式，哈伯德有点儿一筹莫展了，因为对于有两个根的方程式的求解方法并不适用于有3个或更多根的方程式。

为了解决这个问题，哈伯德决定采取实验的方法。他的这种实验叫作“数值实验”。

具体的实验方法是，找一台计算机，编写好程序，让这台计算机多次运行牛顿法。然后，哈伯德让程序把数百万个不同的初始值用彩色点标注出来，最终收敛为同一个根的初始值点就标示为同一种颜色。并且，哈伯德按照不同初始值收敛速度的不同，给这些初始值点赋予了不同的明暗度。

在得到实验结果之前，哈伯德的预期是这样的：每个根应该能够快速地“抓住”距离它们较近的初始值点，因此这些初始值点的明度就会较高。所以，哈伯德认为，最终的图像应该是几块交汇的色块，离真实的根越近的地方越明亮，离真实的根越远的地方越暗淡。但是，这几个色块的边缘交汇处会呈现什么样的情况呢？哈伯德想不清楚这个问题，在实验结果出来前，他没有办法预测出边缘交汇处的情况。

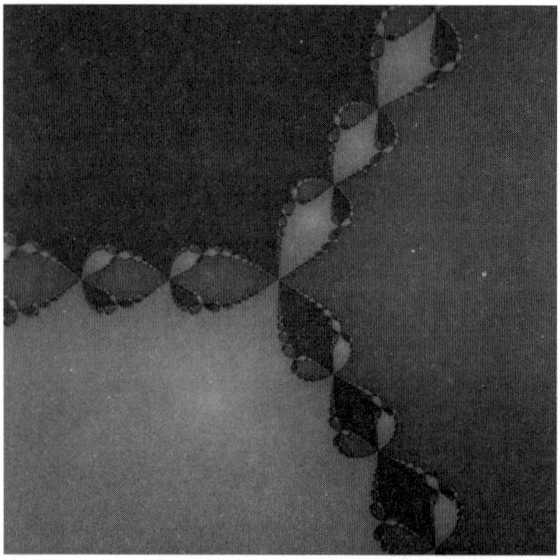

结果，电脑给出了非常令人吃惊的结果。

色块交汇的边缘区域看起来非常特别，形状很抽象。在这些边缘地带，色彩以一种令人无法相信的混乱状态交叠在一起，每一种颜色和另一种颜色在无数个点交汇，而且每次不是两种颜色交汇，而是 3 种颜色交汇。也就是说，只要是任何两种颜色碰到一起的地方，第三种颜色就会立即加入其中，和另两种颜色混合到一起。

当哈伯德把边缘地带的图像放大，他发现形状里还有较小的形状，较小的形状里又有更小的形状。

这种结构在数学上被称为“分形”。分形是一种复杂的几何形状，分形的微观结构是不断重复的，也就是说每一部分都是整体缩小后的形状。

此外，哈伯德还发现，不同色块的边缘地带是混沌的。有时两个初始值点一开始非常接近，它们会肩并肩地一起震荡一阵子，然后突然转向，奔赴两个截然不同的根。对于边缘地带的初始值点来说，最后会收敛向哪一个根是完全无法预测的，就好像轮盘赌最终会停在哪个数字上是完全无法预测的一样。初始状态的一些极其微小、难以察觉的因素会极大地影响最终结果。

哈伯德所做的上述工作是“复杂动力学”领域的先驱工作。“复杂动力学”这个新兴的学科结合了混沌理论、复分析理论，以及分形几何的内容。在某种层面上，我们可以说“复杂动力学”让几何学又一次找到了它的“根”。印度曾发现一份公元前600年的梵文手稿，这份手稿是写给寺庙建筑工人的一份说明书，里面详细地描述了如何用几何的方法求平方根，以满足寺庙里祭坛的建设需要。2 500多年以后的1976年，数学家们又一次展开了“求根”的研究，不同的是，如今这份求根的说明不再用梵文写就，而是用二进制的程序代码写成。

也许，不管人类进化到了哪一步，我们永远都离不开某些“虚构”的伙伴——复数。

第 9 章

应用题：冷热水龙头一起灌满浴缸需要多长时间？

欧文叔叔是我爸爸的弟弟，他和我爸爸一起在镇上经营着一家鞋店。欧文叔叔大部分时间都待在鞋店楼上的办公室里，负责处理财务方面的事情。这是因为欧文叔叔虽然很有数学头脑，却不善于跟顾客打交道。

在我 10 岁或 11 岁的时候，欧文叔叔给我出了我人生中的第一道应用题。直到今天，我仍然清楚地记得那道题目，我想大概是因为当时我把这道题目做错了，而且为此羞愧了好长时间，所以我才会记得这么清楚。

这道应用题是关于往浴缸里灌水的问题：如果只开冷水龙头，灌满浴缸需要半个小时；如果只开热水龙头，灌满浴缸需要 1 个小时。问：如果把冷水龙头和热水龙头同时打开，灌满浴缸需要多长时间？

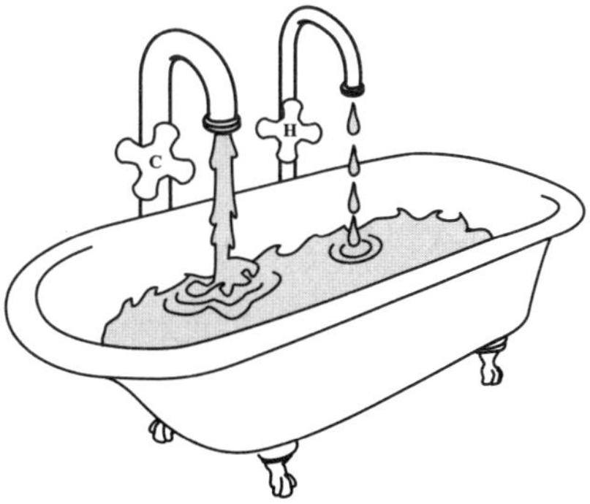

我清楚地记得我的答案是 45 分钟，当然我完全是瞎猜的，我相信不少人都会想

到 45 分钟这个答案。听到我的答案后，欧文叔叔摇了摇头、咧嘴笑了，然后，他开始用他那带着鼻音的尖细嗓音给我讲解这道题。

欧文叔叔说："史蒂芬，你先要搞清楚每分钟有多少水流进浴缸。"冷水龙头 30 分钟能灌满浴缸，也就是说每分钟可以灌满浴缸的 1/30。而热水龙头的水流量比较小，60 分钟才能灌满浴缸，也就是说热水龙头每分钟可以灌满浴缸的 1/60。那么，当你把冷水龙头和热水龙头同时打开，每分钟可以灌入浴缸的水流量就是：

$$\frac{1}{30}+\frac{1}{60}$$

分数的加法运算怎么做呢？首先我们应该观察到，60 是 30 和 60 的最小公倍数，所以，我们需要先把$\frac{1}{30}$改写成$\frac{2}{60}$，于是：

$$\begin{aligned}\frac{1}{30}+\frac{1}{60}&=\frac{2}{60}+\frac{1}{60}\\&=\frac{3}{60}\\&=\frac{1}{20}\end{aligned}$$

可见，如果把冷水龙头和热水龙头同时打开，每分钟可以灌满浴缸的 1/20。也就是说，20 分钟就可以灌满整个浴缸。

从那天以后，我不时会回想起欧文叔叔出的这道往浴缸里灌水的应用题。每次想起这道题，都会激起我对欧文叔叔的感情，以及我对这道题本身的兴趣。我觉得这道题里有一些更大的道理值得我们学习，那就是，当我们无法得到一个问题的准确答案时，如何快速求得问题的近似解呢？又应该如何用直觉来解题呢？用直觉解出一道题时，我们常常会获得一种茅塞顿开的快乐。

首先，我们来考虑一下我最初瞎猜的答案：45 分钟。我们只要思考两种极端情况，就可以立刻判断出 45 分钟这个答案绝对不可能是正确答案。实际上，45 分钟这个答案是十分荒谬的。为什么这么说呢？让我们考虑一下这种情况：如果根本不开热水龙头，而只开冷水龙头，那么冷水龙头会在 30 分钟内把整个浴缸灌满。所以，不管欧文叔叔出的这道应用题的答案是什么，答案都绝对要少于 30 分钟。因为不管怎么说，让热水龙头来帮助冷水龙头一起灌水，绝对没有理由会延长水灌满浴缸的时间。

当然，这个结论是很粗略的。得出这个结论以后，我们还是不知道同时打开两个水龙头到底需要多久才能灌满浴缸，在这个意义上，欧文叔叔的算法给出的信息量显然更大。但是，我的这种粗略的推导方法却有着欧文叔叔的算法所不具备的优点：我的方法并不涉及任何具体的计算。

另一种简化问题的方法是：假设这两个水龙头的灌水速度是一样的。比如说，我们假设单独开冷水龙头或者热水龙头，都能在 30 分钟内灌满浴缸（也就是说，假设热水龙头的水流量和冷水龙头的水流量相同）。现在的问题就很简单了，因为新的假设创造出了原题所没有的“对称性”（即两个水龙头的水流量相同），所以我们可以立即判断出，冷热水龙头一起开，灌满浴缸需要的时间是 15 分钟（因为水流量加倍了，所以灌满浴缸的时间应该减半）。

这种假设还可以立刻告诉我们，问题的精确解应该是大于 15 分钟的。为什么呢？因为我们夸大了热水龙头的水流量。两个水流量较大的水龙头灌满浴缸所需要的时间，显然应该大于一个水流量大、一个水流量小的两个水龙头灌满浴缸所需要的时间。欧文叔叔原题中的两个水龙头，一个水流龙头水流量大，一个水龙头水流量小；而我们现在假设两个水龙头都是大水流量的水龙头。既然两个大水流量的水龙头一起灌满浴缸需要 15 分钟的时间，那么一个大水流量的水龙头和一个小水流量的水龙头一起灌满浴缸所需要的时间，就必然超过 15 分钟。

以上，我们考虑了两种假设：一种是假设只开冷水龙头而关闭热水龙头，另一种是假设热水龙头的水流量和冷水龙头的水流量相同。通过考虑这两种极端情况，我们可以知道，此题的精确解应该是大于 15 分钟而小于 30 分钟的。在有些情况下，问题会比欧文叔叔的浴缸灌水问题更复杂。在有些情况下，精确解是不可能求得的，这种情形不仅在数学领域存在，在其他领域中也十分常见。在这样的情形下，上文的这种分析思路能帮我们确定精确解的范围，为我们提供非常有用的信息。

就算问题没有那么复杂，就算我们有幸能够得到问题的精确解，上面的这种分析方法仍然是有用的。有时，通过上面的这种思路，可以找到更简洁或是更清晰的解题思路。这是数学问题中我们可以自由发挥创造性的地方。

比如，再回到欧文叔叔给我出的这道应用题上。欧文叔叔给出的解法是教科书上的标准解法，这种解法不仅涉及分数，还用到了最小公倍数的知识。其实，这道题还有别的更有意思的解法，其结果和欧文叔叔的答案是完全一致的。这个解法是我又年长了几岁以后才想出来的。当时，我回忆了一下欧文叔叔的问题，并且问我自己：为什么最初我会觉得这道题如此复杂，如此令人糊涂呢？答案是：因为两个水龙头的水流量是不一样的，所以我才搞不清楚；两个水龙头的水流量的差异是这道题目的难点。因为两个水龙头的水流量不同，要搞清楚同时灌水时每个水龙头分别灌了多少水，就变得比较麻烦。一冷一热两个水龙头同时放水，这些水又同时流进浴缸里，完全混到了一起：当我在脑海中想象出这么一个画面时，我的脑袋就像那个浴缸一样，混乱一片，完全摸不着头绪。

怎么解决这个问题呢？其实非常简单，既然水的混合容易让人犯糊涂，我们不妨把两个水龙头彻底分开，让它们分别负责往不同的浴缸里灌水。我们可以发挥想象力，对题目稍作变动：现在我们不只是有一个浴缸和两个水龙头了；我们有一冷一热两个水龙头，每条水龙头下面都有一个传送带，传送带上排满了一个又一个的空浴缸。这两个传送带是完全分离的，冷水龙头和热水龙头分别有自己的传送带。如下图所示。

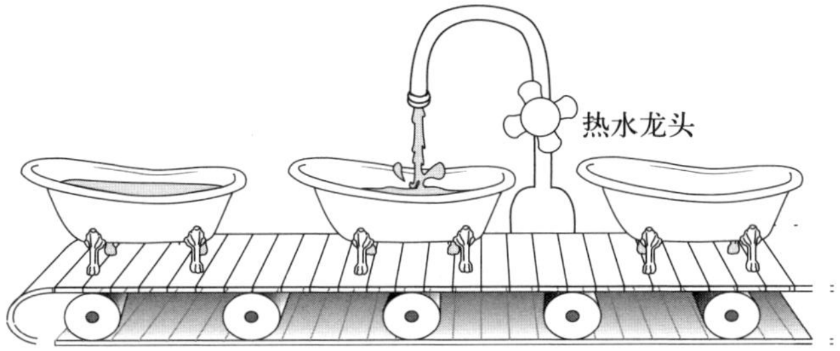

在这样的假设条件下，冷水龙头和热水龙头是完全独立、互不干扰的。两个水龙头分别往不同的浴缸中灌水，完全不存在冷水和热水混合的情况。传送带是这样设计的：每当前一个浴缸灌满了水，传送带就会自动向前滚动，把后面的一个空浴缸送到水龙头下方，让水龙头继续灌水。

如此一来，问题就变得简单多了：60 分钟以后，热水龙头正好灌满了 1 个浴缸，而冷水龙头已经灌满了传送带上的 2 个浴缸（因为冷水龙头灌满一个浴缸只需要 30 分钟）。也就是说，两个水龙头同时打开，60 分钟共计灌满了 3 个浴缸，那么灌满一个浴缸需要多长时间呢？显然是 60 分钟的 1/3，也就是 20 分钟。

究竟为什么大家（包括童年时候的我）在猜这道题的答案时会给出 45 分钟这个答案呢？为什么我们的第一反应总是去求解 30 分钟和 60 分钟的平均值呢？我也不知道。我想一种可能的解释是，听到这道题以后，我们的直觉自动开启了"模式识别"的功能，但可惜我们的直觉识别出了错误的"模式"。因为有些和这道题十分类似的题目，答案确实是两个数字的平均数，而我们的直觉把浴缸问题和那些问题弄混了，才会错误地给出 45 分钟的答案。当我和我的太太讨论这个问题为什么会出错的时候，我的太太用类比的方法给出了她自己的解释。她说，可以考虑这样一个问题，假设有一位老奶奶要过马路：如果无人帮助，老奶奶过马路需要耗时 60 秒钟；而你单独过马路则走得很快，只要 30 秒钟就够了。那么，要是你去搀扶老奶奶，你们手挽着手一起过马路需要多长时间呢？这个题目的答案就是 45 秒钟，因为过马路的过程中，老奶奶一直挽着你的胳膊，她能获得一些动力，所以她会比单独走的时候速度快一些；而你因为老奶奶的关系，速度会比自己单独走的时候慢一些。

那么，浴缸问题和老奶奶过马路问题的区别到底在哪里呢？那就是，你和老奶奶一起过马路的时候，你们会互相影响对方的速度。而在浴缸问题中，两个水龙头虽然同时在放水，但是灌水的速度是完全不受对方影响的。你和老奶奶是互相影响的，而两个水龙头是互相独立的，这是这两道题的本质区别。可惜我们的潜意识没有那么敏锐，无法第一时间发现这个重要区别。尤其是当我们急于立刻给出答案的时候，我们就在直觉思维的带领下直奔那个错误的答案去了。

好吧，只要我们能认识到自己错在哪里，那么即使是错误的答案也有它的教育意义。这个错误的答案让我们看到，我们的思维多么容易被错误的类比或毛躁粗心的判断所误导。在认清了自己所犯的错误以后，我们对这一类问题也有了更清晰、更深刻的认识。

很多经典的应用题都含有一些故意设计出来的陷阱，使得解题的人很容易受到误导。这种伎俩就像魔术师使用的华丽的障眼法。很多应用题的问法中故意埋藏了一些文字陷阱，如果你凭直觉回答，就会掉入这些陷阱。

比如，有这样一道题目：3 个人可以在 3 小时内漆完 3 段篱笆，那么 1 个人漆完 1 段篱笆需要几个小时呢？

听到这道题目以后，很多人会脱口而出："1 个小时。"这绝对是不假思考的答案。这道题读起来就跟顺口溜似的：3 个人、3 段篱笆、3 个小时。这句话在你的脑海中建立起了一个鼓点般的韵律，所以当看到下一句——1 个人、1 段篱笆、______个小时——的时候，你会情不自禁地想在空格处填上一个 1。这种条件和问题的平行结构使得人们很容易给出一个语言音律学上感觉正确，但是数学计算上却完全错误的结论。这就是这道题的陷阱所在。

事实上，这道题的正确答案应该是 3 个小时。

如果你借助一点儿视觉上的帮助，在头脑中想象出题目里描述的画面——3 个人在漆 3 段篱笆，并于 3 个小时以后同时完工——那么正确的答案就很容易得到了。3 个小时结束的时候，3 段篱笆都要油漆完毕，如果每人负责漆一段篱笆，显然，这个人要花整整 3 个小时的时间才能漆完这一段篱笆。

能不被表象所迷惑，冷静客观地审题，是答对本题的关键。在各种五花八门的应用题中，我们应该学习和训练自己的这种能力。这种题目强迫我们停下来，用一种我们所不熟悉的方式冷静地分析和思考。这样的题目，能够很好地训练我们的思维能力和分析能力。

但是我觉得，这还不是应用题最大的好处。应用题最大的好处在于，它不仅锻炼了我们关于数字的思考和分析能力，还让我们学会思考和分析数字与数字之间的关系（例如水龙头的出水速度和灌满浴缸所需时间之间的关系）。这种能力是每个学生在学习数学的道路上都必须掌握的。不掌握这种能力，就无法迈入数学学习的下一个阶段。很多人都缺乏这种能力，有些人始终无法熟练地掌握分析数字与数字之间关系的技巧。这并不奇怪，毕竟数字和数字之间的关系，比数字本身要抽象得多。但是，大家应该明白这样一个道理：数字和数字之间的关系，比数字本身要有用得多，也深刻得多。在我们的宇宙中，我们周围万事万物的内在逻辑，都可以用数字与数字之间的关系来表示。因与果、供与求、输入和输出、措施和效果，这些逻辑关系都可以抽象地表示为数字与数字之间的关系。正是因为数字和数字的关系如此重要，我们的数学教育里才会引入大量绕来绕去的应用题。这些应用题并不是为了为难我们，而是为了培养和锻炼我们的思维能力，让我们更好地掌握数字与数字之间的关系。

尽管如此，也有人对应用题的存在提出了一些批评意见。数学家和畅销书作者基思 · 德夫林曾经发表过一篇文章，题为“应用题的问题”。在这篇文章中，德夫林指出，应用题隐含着一种“潜规则”：首先，出题者假设你懂得游戏规则；然后，只要你选择做这道题，你就被默认为接受这道应用题的游戏规则。但是，这种游戏规则往往是人为生造的，有时候，有些规则甚至是非常生硬而荒唐的。比如，在我们上文引用的 3 个人 3 个小时油漆 3 段篱笆的应用题里，题面就隐含了以下两个假设：首先，3 个人刷油漆的速度是完全一样的；其次，每个人都是匀速粉刷篱笆，中间没有人加速，也没有人减速。其实，上述两个假设都是很不现实的。但是作为解题人，你必须知道这道应用题里的这些潜台词，并且默认这些假设是成立的。因为如果不知道或不承认这些假设的话，这道题就太过复杂，而且因为信息不足而根本无法解答。如果你纠结于其中的细节，你就必须知道以下的所有信息：每个粉刷匠到底以一种什么样的速度在漆篱笆？是不是到了第 3 个小时，大家的体力都下降了，因此粉刷的速度就减慢了？如果情况是这样，粉刷速度究竟如何随时间减慢？每个粉刷匠隔多久会停下来休息，每次休息多久？诸如此类。显然，如果考虑这些问题，这道应用题根本就没办法解答。

从德夫林的角度来看，上述这些情况是应用题这种出题形式的“问题”和“漏洞”，但我觉得，对于我们这些从事数学教育的人来说，我们完全可以把这些问题和漏洞转化成应用题的“特色”。在出题的时候，我们应该明确题目中的这些隐含的假设，还应该告诉学生们，之所以需要做出这些理想化的假设，是因为只有这样才能简化问题，抓住问题的关键矛盾。千万别小看了这项能力，知道如何抓住问题的关键矛盾，而把次要的情况通过理想化的假设尽量简化，这个过程叫作“数学建模”。当各个领域的科学家把数学应用到各种实际问题中的时候，他们都一定会完成这个

“数学建模”的过程。和大部分应用题的命题人不同的是，科学家们通常会认真、严谨、明确地列出模型中用到了哪些假设，而在应用题中，这一步往往被省略掉了，所以有时难免造成一些误解和争议。

说到这里，我想要再次感谢我亲爱的欧文叔叔：谢谢你给我出了我人生中的第一道应用题，谢谢你给我上了一堂如此重要的数学课。那道我没能答对的应用题让我羞愧了很长时间，却也给了我很多正面的启迪和教育。

第 10 章

丑陋却万能的二次方程求根公式

二次方程求根公式，可能是数学公式中最被“低估”的一个了。它可以说是数学界的罗德尼 · 丹泽菲尔德（美国著名的喜剧演员），虽然足够优秀，却总是得不到尊重。

显然，专业人士似乎并不是十分欣赏二次方程求根公式。曾经有过不少这一类的调查，让物理学家和数学家们列出他们所认为的史上最美或最重要的 10 个公式。二次方程求根公式一次也没有入围。在这类“选美”比赛中，$1+1=2$ 肯定每次都有一大群支持者；$E=mc^2$ 也是名声在外，一再获选；勾股定理 $a^2+b^2=c^2$ 看上去更是一副了不起的样子。但是，二次方程求根公式永远只能扮演灰姑娘的角色。

不得不承认，二次方程求根公式看上去确实很不美观。有不少学生会把二次方程求根公式当成一条咒语机械地背下来：“x 等于 $2a$ 分之负 b 加减根号下 b 的平方减去 $4ac$。”还有的学生连背也背不下来，面对着这一大堆字母、符号、数字的组合，他们面如死灰，仿佛见了鬼，只会呆若木鸡地对着这个公式。这个令人闻风丧胆的求根公式是这样的：

$$x=\frac{-b\pm\sqrt{b^2-4ac}}{2a}$$

只有当你真正了解了这个公式是用来做什么的，你才能透过它不甚讨人喜欢的外表，看到这个公式的内在美。希望通过这一章节的阅读，你能体会到这个公式所蕴含的智慧，能够对二次求根公式的起源和意义有一个更深入的了解。

在现实世界里，很多时候我们都需要解出一个未知变量的值。比如，治疗一个甲状腺肿瘤的时候，放射治疗的放射剂量应该多大为宜？如果想用 30 年的时间还清一笔数额为 200 000 美元、年利率为 5%的住房抵押贷款，那么每个月的还款额应该是多少？火箭的速度至少要达到多少，才可以摆脱地球引力？

随着代数的产生和发展，人类慢慢地摸索出了一些解决上述问题的方法和经验，并且逐步能够应付一些简单的求解未知变量的问题。在古埃及、古巴比伦、古希腊和古印度学者们的引导下，终于在公元 800 年左右，伊斯兰教国家的数学家们比较系统地拓展了这个领域。这一数学进步的原动力，是为了解决伊斯兰法律下的遗产计算问题。

假设一位寡妇去世的时候一共留下了 10 迪拉姆的遗产。这笔遗产由她的两个儿子和一个女儿继承。关于遗产分配，伊斯兰法律是这样规定的：两个儿子所继承的遗产份额应该相同，而每个儿子所得的遗产应该是女儿的 2 倍。现在的问题是：两个儿子和一个女儿分别应该继承多少遗产呢？

我们用未知变量 x 来代表女儿应该继承的遗产。虽然我们暂时还不知道 x 的值是多少，但是我们可以像处理普通数字一样处理 x 这一变量，对它做出各种各样的分析。既然法律规定每个儿子所得的遗产应该是女儿的 2 倍，那么显然每个儿子应该

继承的金额为 $2x$。这样，我们就可以知道，两个儿子和一个女儿总共继承的金额是 $x + 2x + 2x = 5x$，三人继承的总金额必须等于这位寡妇的遗产总额，也就是 10 迪拉姆。由此，我们得到 $5x = 10$ 迪拉姆。最后一步，我们把这个等式的两边都除以 5，就可以解出 x 的值，即 $x = 2$ 迪拉姆。也就是说，女儿得到的遗产是 2 迪拉姆；因为每个儿子继承的遗产是女儿的 2 倍，因此每个儿子可以得到 $2x$，即 4 迪拉姆的遗产。

注意，在上面的分析过程中，我们一共用到了两种数：一种是已知数，比如 2、5、10；另一种是未知数，比如 x。只要我们能够找出已知数和未知数之间的关系（这种关系通过方程式 $5x = 10$ 来表示），我们就可以慢慢地“变换”这个方程式，将方程式的两边同时除以 5，从而解出未知数 x 的值。这个过程就好像雕塑家拿着手中的凿子一下一下地雕琢大理石。最终，我们“凿掉”了冗余的部分，“凿出”了我们想要的雕塑。

有时候，解方程式需要一些稍微复杂一点的方法。比如，当方程式中有未知数减去已知数的情况出现时，我们就要引入一种上面没有用到的技巧。例如，假设要解的方程式是 $x - 2 = 5$。为了解出 x 的值，我们必须想办法用手中的凿子凿掉方程式左侧的数字 2。我们可以在方程式的左右两边同时加上 2，这样做以后，方程式的左边只剩下一个 x，所有的障碍都被清除了；而方程式的右边，则是 $2 + 5 = 7$。于是，我们的任务完成了，显然 x 的值就是等于 7。当然，这个例子是一个非常简单的方程式，相信大部分的读者根本不用多想，看一眼就已经知道结果了。

对于任何一个学过代数的学生来说，上面的移项技巧可能是理所当然、简单明了的。但是大部分人都不知道，这种看似不起眼的技巧正是“代数”这个名词的起源。9 世纪初期，巴格达的一位名叫穆罕默德 · 伊本 · 穆萨 · 花剌子模的数学家在一本讲义里首次阐述了移项技巧：当方程式一侧的未知数被减去一个已知数（比如上例中的2）时，可以通过在方程式两侧同时加上这个已知数，来“重组”方程式，帮助找到方程式的解。花剌子模把这种技巧命名为al－jabr，也就是阿拉伯语“重组”的意思。如今我们熟知的“代数”一词（英文为algebra），正是由al－jabr变形而来。在花剌子模死后很久，他的名字又一次被写进了数学史：人们发明了我们今天常用的“算法”一词，这个词（英文为algorithm）的词源正是这位数学家那略显古怪的名字：花剌子模（al－Khwarizmi）。

花剌子模这本讲义的后半部分都在讨论求解方程式的实际应用：如何处理复杂的遗产计算问题。而在这本讲义的前半部分，花剌子模详细地阐述了方程式中包括3种不同种类的数字的情况。在我们前面举的例子中，方程式里只有两种数字：已知数和未知数。而花剌子模研究的这类方程式中有3种数字：已知数、未知数（x）和未知数的平方数（x^2）。现在，这种方程式已经有了自己的名字：二次方程式。在这里，我又要说一下词源学，二次方程（英文quadratic equations）的词根为拉丁语quadratus，意为“平方”。这类方程式常常会出现在建筑学、几何学的实际应用问题中，计算地块的面积或是比例关系时都需要求解二次方程式，所以，古巴比伦、古埃及、古希腊、古中国和古印度的数学家们都不约而同地研究过二次方程式的求解方法，并且获得了一定的成功。

在花剌子模的讲义中，他讨论了这样一个二次方程式：

$$x^2 + 10x = 39$$

当然，花剌子模并不是这样表述二次方程式的，他使用的是文字而非符号的表述方法。花剌子模的书里是这样写的：什么数的平方加上这个数的10倍等于39？把这个问题“翻译”为今天通行的数学语言，就是我们上面写出的这个二次方程式。

与我们上面举出的两个一次方程式相比，求解这个方程式显然要棘手得多。我们怎么才能把这个方程中的x孤立出来，从而求得它的值呢？上面使用的移项技巧以及方程式两边同时乘以（或除以）一个常数的方法在这里显然不够用，因为顾得了x就顾不了x^2，即使你把这两者之中的x孤立出来，另一个必然还会在那里碍手碍脚。比如，我们可以把方程式的两边同时除以 10，这样 $10x$就被简化成了x，但是，我们也会随之得到一个非常讨厌的$x^2/10$，方程式还是没有解出来。总的来说，这个问题的难点是，我们需要同时做两件事情，而这两件事情看起来又似乎互不相容。

那么，花剌子模是怎么解决这类问题的呢？他的解法值得我们好好分析一下：一是因为他给出的解法非常简洁明了，二是因为他的解法极为强大——这种解法可以一步到位，解出任何二次方程式的根。也就是说，你可以把上述方程式中的 10 和 39 换成其他任何数字，这个方法仍然有效！

这个方法就是：用几何意义来诠释二次方程式中的每一项。首先考虑x^2的值，它的几何意义是一个x乘以x的正方形的面积，如下图所示：

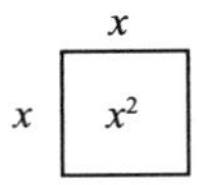

类似的，第二项 $10x$的几何意义是一个 10 乘以x的长方形的面积。花剌子模进一步巧妙地把这个 10 乘以x的长方形一分为二，表示为两个 5 乘以x的长方形（这一步的妙处我们在下面自然会看到，这是“配方法”的基础）。

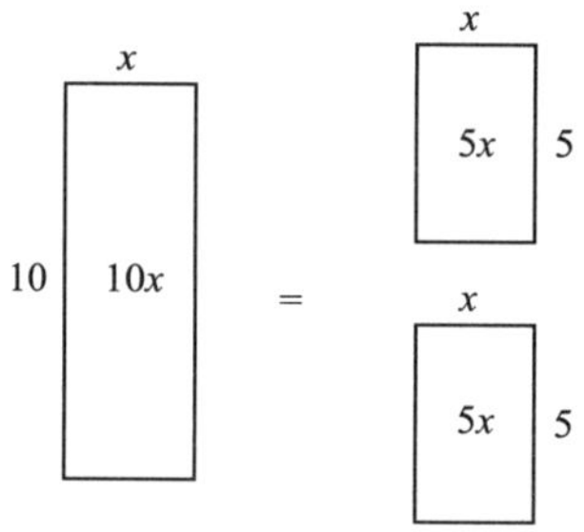

下面，我们把两个长方形和先前的正方形拼到一起，形成一个有缺口的形状，这个图形的面积就是x^2+10x 。

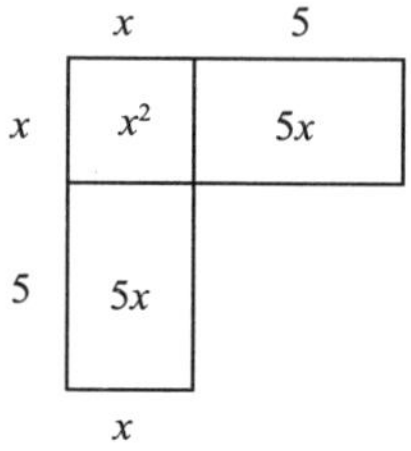

现在，花剌子模把求解方程式的问题几何化了，问题就变成：如果上述形状的面积为 39 个单位，那么x应该是多少呢？

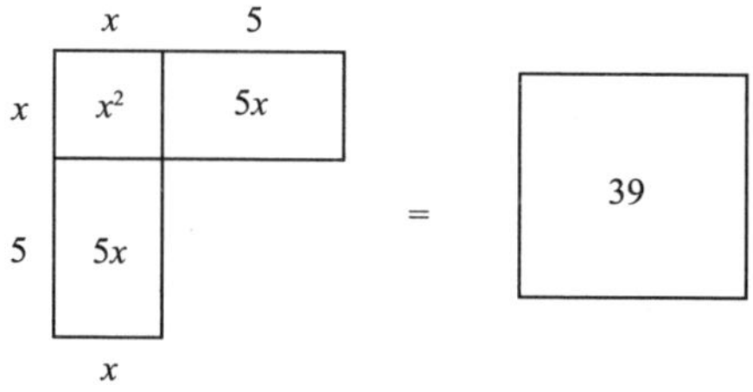

$x^2+10x=39$

上面这幅图已经给出了十分清楚的提示，既然这个形状缺了一角，为什么我们不把它补全呢？补出这个小正方形之后，我们就得到了一个完美的大正方形。这说明什么呢？仔细看看下图。

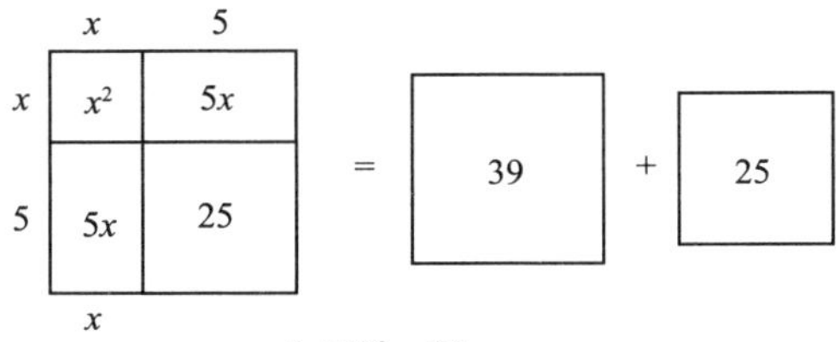

$(x+5)^2 = 64$

补足的这个小正方形的面积是 $5\times 5=25$，也就是说，左图大正方形的面积是 $x^2+10x+25$，因为这个图形现在是边长为（$x+5$）的一个正方形。

通过这几步简单的处理，原来互相冲突的 x^2 和 $10x$，如今却携起了手，变成了一个简洁且容易处理的（$x+5$）^{2}。这种“配方法”使得求根问题变得十分简单。

别忘了，在刚才的处理过程中，我们在方程式 $x^2+10x=39$ 的左边加上了 25（即补足的小正方形的面积），为了让方程式仍然成立，显然在方程式的右边也应该加上 25。因为 $39+25=64$，处理过后的方程式就变成：

$$(x+5)^2=64$$

这真是太简单了，只要方程式两边同时开平方，我们就得到了 $x+5=8$，随后可以轻松地解出 $x=3$。

很显然，$x=3$ 正是方程 $x^2+10x=39$ 的解。3 的平方是 9，$10\times 3=30$，$9+30$ 正好等于 39。简单的代入验算明确无误地告诉我们，我们的解是完全正确的。

$x=3$ 是花剌子模给出的这个方程式的解。细心的读者可能已经发现，如果花剌子模参加现代的代数考试，那么这道题他只能得到一半的分数。花剌子模漏掉了方程的另一个解，也就是 $x=-13$。我们可以把 $x=-13$ 代入上述方程式，-13 的平方数为 169，–13 的 10 倍为–130，169 加上–130 正好是 39，显然–13 也是这个方程式的解。在花剌子模的算法里，这个负数解被忽略了，从几何意义上来说，边长为–13 的正方形并不存在，这可以说是古代代数的局限性。如今，代数已经不再那么依赖于几何，所以二次方程式的正数解和负数解都得到了认可。

在花剌子模之后的几个世纪中，数学家们逐渐认识到，只要接受负数解和负数的平方根（这个概念之前的章节中已有讨论），任何二次方程式都可以用上述的“配方法”求解。

对任意一个二次方程式$ax^2 + bx + c = 0$（其中a、b、c为任意已知数，x为未知数）来说，求根公式可以表示为：

$$x = \frac{-b \pm \sqrt{b^2 - 4ac}}{2a}$$

经过本章的旅程，你是否对这个看似不太美观的公式有所改观了呢？它是多么直接和全面！不管方程式中的a、b、c是一些什么数字，方程式的解都可以用这个公式表示，一步到位，一目了然！a、b、c这 3 个数字是千变万化的，然而竟然有一个这样完美的公式，能够以不变应万变，举重若轻地把二次方程式的求根问题彻底解决。

如今，二次方程式仍是解决各类实际问题的不可或缺的工具。通过这个工具，科学家和工程师们能够分析无线电的收发、桥梁和摩天大楼的震动、篮球和炮弹的运动轨迹、动物种群数量的波动等。如果没有二次方程式，很多现实世界里的问题将会让我们一筹莫展。

从这个角度来看，二次求根公式虽然其貌不扬，却实在是一笔伟大的数学遗产和一个辉煌的数学传奇。

第 11 章

函数：你能把一张纸对折 8 次以上吗？

如果你是一个狂热的 20 世纪 80 年代电视剧的爱好者（暴露年龄了），你一定熟悉一部名为《蓝色月光侦探社》的电视剧。这部电视剧的主演是布鲁斯 · 威利斯（饰演戴维 · 艾迪森）和斯碧尔 · 谢波德（饰演麦迪 · 海耶斯）。在这部电视剧中，男女主角是两个爱说俏皮话的私家侦探。此剧因为幽默机智的对话和男女主角的配合默契而深受观众喜爱。

在其中一个案件的侦破过程中，男主角戴维问验尸官的助手：“你觉得最有可能犯案的嫌疑犯是谁？”验尸官的助手回答说：“这可真是问倒我了。你知道，有一件事我一直很不理解……”戴维打趣道：“一直很不理解？莫非你说的是对数？”这时候，女主角麦迪瞪了戴维一眼，可是戴维理直气壮地抢白道：“怎么？莫非你敢说你懂得对数？”

这个有点儿毫无逻辑的对话，生动地说明了很大一部分美国人对于对数的看法。首先，“对数”这个名字听起来既抽象又艰深，让人心生恐惧。很多人从走出高中校门以后就再也没有使用过对数（至少没有有意识地使用过对数）。虽然对数其实会默默地出现在我们日常生活的很多地方，但人们还是选择忽略它、无视它，把对数的知识毫无保留地还给中学数学老师。

其实，不光是对数，中学代数二阶课程和微积分预备课程里教的很多其他函数也同样有着被遗忘的命运，比如幂函数或者指数函数。很多人对这些数学知识的感想就是：天啊，那是一些什么鬼玩意儿？我为什么要学习这些东西啊？在这一章节里，我的目标就是带你认识和了解这些“鬼玩意儿”，体会它们的美好和精妙之处。就算你从没有使用过计算器上的指数按钮、对数按钮、幂函数按钮，对它们多些了解也毫无坏处。

数学家们需要函数，就像建筑工人需要锤子和钻头一样。锤子和钻头能把原材料变成我们想要的东西，函数也有着这样的功能。数学家们常常把运用函数的过程称为“转化”的过程，这正是在强调函数这方面的功能。但是，锤子和钻头所处理的原材料是木材、钢铁，而函数处理的原材料却是数字、图形，或者另一个函数。

为了解释清楚这个概念，让我们先把方程$y = 4 - x^2$的图像画出来看看。还记得数学课上学过的画函数图像的步骤吗？首先，我们要画出一个坐标轴，水平的是x

轴，竖直的是y轴。然后，我们选取一些x值，并对于每一个x值，计算出相应的y值。每一组对应的x值和y值可以表示为xy平面上的一个点。比如说，当x取 1 的时候，$y = 4 - x^2 = 4 - 1=3$。所以，这组x和y的值所对应的点就是（1，3），我们可以把这个点画到xy平面上去。多取几个不同的x值，重复上面的步骤，我们就得到了下图。

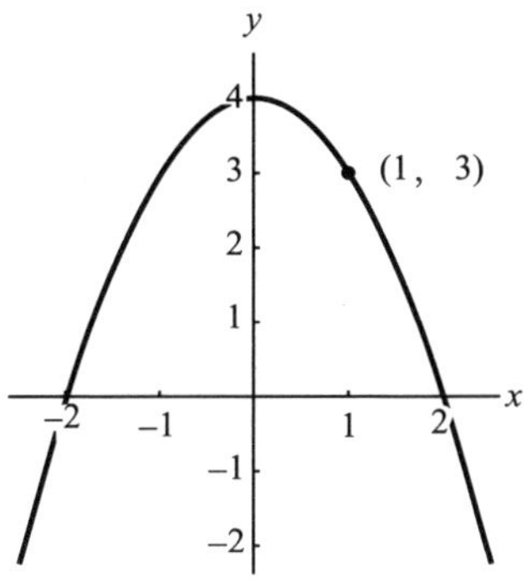

为什么这个函数的图像会呈弓形呢？因为有一把看不见的数学“镊子”正在悄悄地使劲。在这个关于y的方程中，x被“转化”成了x^2，这种转化的工具就像日常生活中我们使用的镊子一样，能够对被转化物施加拉力，使被转化物弯曲。本来，我们的原材料可以看作x轴上的一小段线段，它是完全水平的，经过这个方程的转化，这一小段原材料的每一个点都受到了拉力的作用，就像被镊子夹起来一样，原材料被弯曲拉长了，形成了我们在上图中看到的弓形。

上面我们谈到的是方程中x^2的部分，那么，$y = 4 - x^2$中的这个常数 4 又起到了什么作用呢？同样用五金工具进行类比，这个常数 4 就好像把一幅画挂在墙上的那枚钉子一样。这枚钉子将拉开的弓形向上提起，固定在y轴上 4 的位置上。就像钉子不会改变弓的形状一样，常数 4 也不会改变函数的形状，它只是把这个图形的所有点都向上提高了 4 个单位而已，我们给这类“工具”起了一个统一的名字，叫作

“常数函数”。

上面的这个例子很好地诠释了函数的双重作用。一方面，函数和五金工具一样，是一种可以转化原材料的工具，x^2能把x轴的一段拉伸变弯，而4则能把整个图形向上提。另一方面，函数又相当于工具所处理的原材料，4和$-x^2$都是函数的零部件，它们共同组合成了一个更复杂的函数$4-x^2$，就好像电线、电池、晶体管等零部件可以组成一台收音机一样。

当你了解了函数的双重作用，你就会发现生活中处处都有函数。上面的这个弓形或者说拱门形的东西，它的学名叫作“抛物线”。抛物线是平方函数的学名，生活中处处都能见到抛物线，也就意味着平方函数常常在我们周围出没。不管是喷泉形成的水柱，还是篮球运动的轨迹，都有二次函数的身影。如果你什么时候去美国的底特律国际机场转机，别忘了留几分钟时间逛逛达美航空的候机楼，那里的喷泉组是世界上最壮观的抛物线表演之一。

从抛物线和常数出发，我们可以推广得到一类更为广阔的函数：幂函数。幂函数的形式为x^n。在幂函数中，未知数x被连乘n次，n是一个给定的已知数。比如，对于抛物线函数来说，$n=2$；而对于常数函数来说，$n=0$。

只要改变n的值，我们就能得到一系列非常方便好用的数学工具。比如，一次函数（$n=1$）是一个斜坡，它可以很好地描述速率稳定的增长或是衰减的过程。一次函数又叫作线性函数，因为在xy平面上，一次函数的图像是一条直线。如果外面在下着一场速度均匀的雨，你把一个铁桶放在室外，那么桶内的积水量和时间的关系就是一种线性关系，这种关系可以用一次函数来表示。

另一个非常有用的工具是平方反比例函数，也就是$n=-2$所得到的幂函数。平方反比例函数可以很好地描述波或者力在三维空间中传播时的衰减情况。比如，要研究一个声音如何随着传播距离的变化而越变越轻，就要用到平方反比例函数。

在各行各业中，科学家们和工程师们都会大量运用幂函数，它们能够非常好地表达和描述相对平缓的增长或者衰减的过程。

如果我们想要着手处理一些更刺激、更惊险的东西，就需要拿出我们的另一组利器：指数函数。指数函数能够很好地描述爆炸性增长，比如核能源或核武器的链式反应，以及培养皿中细菌的高速繁殖。通常，大家最为熟悉的指数函数是以 10 为底数的指数函数 10^x，也就是 10 的x次方。注意指数函数和之前我们讨论过的幂函数的区别：在指数函数中，我们的指数（x）是一个未知数，而底数（10）则是一个常数；而在幂函数（如x^2）中，情况则恰恰相反。这个形式上的差别看起来微不足道，但幂函数和指数函数却有着极大的区别：当x越来越大，x的指数函数最终会比x的任何幂函数增长得都快，而不管幂函数的n取多大的数字。所谓的“指数增长”是一种人类几乎难以想象的极高速的增长方式。

正是出于这个原因，把一张纸对折 7 次或 8 次以上，成为一个几乎不可能完成的任务。每对折一次，纸的厚度就会增加一倍，如果不断地对折一张纸，纸的厚度就会呈指数增长。同时，纸的长度每对折一次会缩小1/2，所以纸的长度在不断对折的过程中会呈指数减小。对于一张普通的便笺纸来说，对折7次以后，纸张的厚度就会超过其长度，在这种情况下，是没有办法再次将这张纸对折的。这和折纸的人有多大力气没有任何关系。在数学上，所谓一张纸被对折过n次，也就是说折完的纸必须在一条直线上有$2n$层，而当纸的厚度已经大于它的长度时，这个条件是不可能满足的。

因为上述理由，很多年来，没有人能够把一张纸对折8次以上，直到2002年，一位名叫布兰妮·加利文的女高中生完成了这个“不可能的任务”。首先，加利文姑娘推导出了一个公式：

$$L=\frac{\pi T}{6}+(2^n+4)\ (2^n-1)$$

在这个公式中，L是纸张的长度，T是纸张的厚度，n是这张纸能被对折的最大次数。从这个公式中可以清楚地看出，这个任务之所以那么困难，就是因为有两个2^n存在：其中一个2^n表示每对折一次纸张的厚度就会翻倍，另一个2^n则表示每对折一次纸张的长度就会减半。

根据这个公式，加利文算出，她需要一卷特制的厕纸，这卷纸大约有3/4英里长（相当于1 207米）。2002年1月，加利文买到了能满足她的要求的厕纸，她在美国加利福尼亚州波莫纳市的一家购物中心里铺开了这卷厕纸，开始进行这项伟大的工程。7个小时以后，在父母的帮助下，加利文把这张纸对折了12次，一举打破了世界纪录。

理论上，指数增长是你致富的希望。假设你把钱存在银行里，每年的年利率是r，那么一年以后，你的存款会变成本金的（$1+r$）倍；两年以后，你的存款会变成本金的（$1+r$）^{2}倍；x年以后，你的存款会变成本金的（$1+r$）^{x}倍。这就是我们所说的“复利”，即传说中“滚雪球”的魔力，这种现象的本质其实也是指数增长。

现在，让我们回到本章一开始就提到的对数。为什么我们需要对数？因为很多时候，我们需要一些反向的工具，用于消除某种其他工具产生的效果。就像每一个办公室文员都需要一台订书机和一台订书针拆除器一样，每一个数学家都需要指数函数和对数函数。是的，对数函数是指数函数的逆运算。也就是说，如果你往计算器中输入一个数字x，按下 10^x按钮，然后再按下$\log x$按钮，那么计算器就会给出你输入的那个数字。例如，如果x取 2，10^x就是 10^2也就是 100。然后再计算log（100），我们得到的结果等于 2。在计算器上，$\log x$按钮可以抵消 10^x按钮的功能，所以 log（100）＝2。同样，log（1 000）＝3，log（10 000）＝4，因为 $1\,000=10^3$，$10\,000=10^4$。

看出其中的神奇之处了吗？当log后面括号里的数字以乘法增长，每次增长 10 倍，从 100 增长到 1 000，再从 1 000 增长到 10 000 的时候，它们的对数却以加法增长，每次增长 1，从 2 增长到 3，再从 3 增长到 4。当我们听音乐的时候，我们的大脑也在进行一种类似的工作。音的频率do、re、mi、fa、sol、la、ti、do听起来像是一步一步、一阶一阶地增长的，但其实这些音的震动频率是以乘法的方式成倍增长的。看！我们人类其实是用对数的方法来识别音阶的。

在很多领域，对数使得计数变得更加简洁明了：从衡量地震强度的里氏震级，到化学中衡量酸碱度的pH值，这些读数或指标其实都是对数。当需要衡量的数量大的极大、小的极小，横跨的范围很宽的时候，对数的引入能起到压缩作用，压缩后的数据更直观易懂，便于比较和分析。比如说 100 和 1 亿之间相差 100 万倍，这个差距太大，以至于一般人的头脑已经无法理解这个差距的具体含义了。但是，100 和 1 亿的对数只差 4 倍（100 的对数是 2，1 亿的对数是 8，因为 $100 = 10^2$，$100\ 000\ 000 = 10^8$）。在日常对话中，我们会说某人的年薪是 6 位数，意思是某人的年薪在 100 000~999 999 美元之间。这种说法其实也用到了对数的概念，这个庞大的年薪数额的对数不正好是 6 左右吗？准确地说，这个范围内的年薪数额的对数在 5 到 6 之间。

幂函数、指数函数、对数函数，这些数学工具实在是相当巧妙和实用。但是，数学家的工具箱有时也有点儿“纸上谈兵”的味道。正是因为工具的局限性，我至今也没能成功地组装起我从宜家家居买来的那个书架。

The Joy of x

第3部分　形状

3

第 12 章

跳舞的正方形与勾股定理

你高中时最喜欢的数学课程是什么？

我猜一定是几何学。

这么多年来，很多人向我表达过他们对几何学的好感。人们喜欢几何学是不是因为很多人喜欢运用视觉思维，喜欢使用右脑，从而觉得图像化的几何学远远好过那些抽象冷漠的纯逻辑推导？也许吧。但是，也有人告诉我，他们喜欢几何学，正是因为几何严密、完美地遵从着逻辑。的确，几何学是一步一个脚印的扎实逻辑推导，每一个新定理都是从已经证明的旧定理一丝不苟地严密推导而来的。对很多人来说，这种绝对的逻辑性和理性，正是几何学的魅力所在。

不过就我个人看来（首先声明，我非常喜欢几何学），人们之所以喜欢几何学，并非因为它有绝对严密的逻辑性，而是因为几何学是逻辑和直觉的完美结合。当我们能够同时使用我们的左脑和右脑，总是特别令人开心的一件事。

为了充分阐述几何学的美，以及几何学带给人们的快乐，我们需要再次提到我们的老朋友勾股定理。你可能还记得，勾股定理的公式是 $a^2 + b^2 = c^2$。下面我们要来仔细地研究一下勾股定理。我们的目标之一是，理解什么是$a^2+b^2=c^2$，并且搞清楚为什么这个公式是非常重要的。除此之外，我们还会看到，勾股定理的证明方法有两种，虽然这两种证明方法无疑都是正确的，我却想试着向大家解释一下，为什么其中一种证明方法比另一种证明方法更加“优雅”。

勾股定理考虑的是直角三角形的问题。所谓直角三角形，就是其中一个角为90度的三角形。直角三角形是一种很重要的形状，如果你把长方形沿着对角线切成两半，你就会得到两个直角三角形。

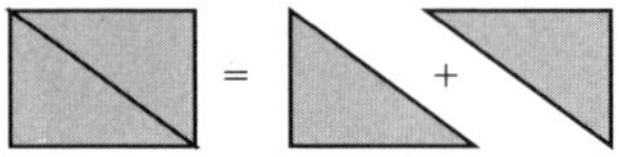

既然长方形在各个领域中都如此常见，显然直角三角形也是一种我们常常会见到和用到的重要形状。

比如，在地质勘察的时候，就会遇到直角三角形。如果你着手丈量一块长方形的地块，那么你很可能想知道从这块地的一个角到它的对角的距离有多长。（实际上，这正是几何学最早的起源。几何学是因为丈量土地的需要而产生的。在英文中，几何学这个词geometry可以划分成两个词根，geo是“土地”的意思，metry则是“丈量”的意思。）

勾股定理告诉我们，一个直角三角形的斜边长度和两条直角边长度之间存在什么关系。如果直角三角形的两条直角边的长度分别为a和b，斜边长度为c，那么根据勾股定理，这个直角三角形的斜边c与两条直角边a、b的关系是：

$$a^2+b^2=c^2$$

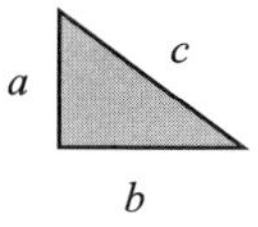

在英语中，直角三角形的斜边叫作hypotenuse，这个词的字面意思是“下方的长度”（hypo指在某物下方， tenuse是长度的意思）。我始终没有搞清楚“斜边”一词为何字面表达为“下方的长度”。（有没有懂拉丁语或希腊语的学者来为我解答一下？）tenuse在希腊语中不仅表示长度，还有“拉伸、绷直”的意思，斜边看起来确实像一条绷紧的弦，但“下方”这层意思则实在令人感到困惑。

先暂时抛开词源学的问题，我们还是来看看勾股定理。为了简化问题，我们取几个最方便计算的数值，假设$a = 3$码、$b = 4$码，我们的目标是求出未知的斜边长度，也就是c的值。好，现在让我们穿上“法衣”，大声念出我们的咒语：3 的平方加上 4 的平方，也就是 9 加上 16（注意现在这些数字的单位都是平方码，因为我们对数字进行了平方，就要同时把数字后面的单位也平方一下，这样才不会出错）。$9 + 16 = 25$，也就是说$c^2 = 25$，等式两边开平方，我们算出$c = 5$码，即这个直角三角形的斜边长度是 5 码。

从这个角度来看勾股定理，似乎勾股定理是一个关于长度的定理。但是，在几何学的传统上，勾股定理一直被认为是一个关于面积的定理。为什么呢？让我换一种说法，你就明白了。勾股定理还可以表述为：

斜边上的方等于两条直角边上的方之和。

你可能从没听说这种说法，甚至根本不明白这句话是什么意思。让我来给你解释一下，斜边上的方并不是指斜边的平方，它真的就是字面的意思：斜边上面的那个正方形。平方是一个代数的概念，而斜边上面的正方形则完完全全是几何学的概念。但是，斜边上的正方形到底是什么样子的呢？让我来画给你看。

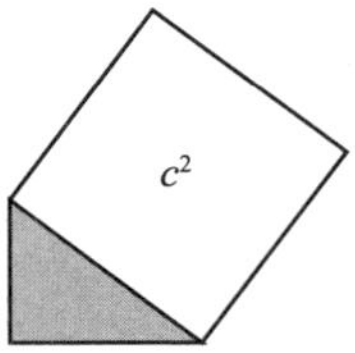

让我们把这个正方形命名为“大正方形”，因为接下来我们还会看到一个小正方形和一个中正方形，而那两个正方形将分别位于两条直角边之上，请看下图。

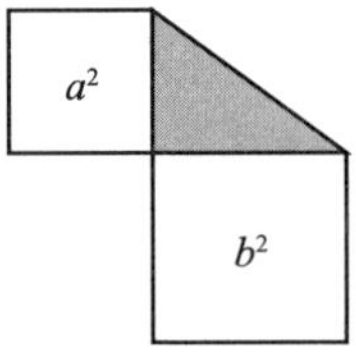

勾股定理告诉我们：大正方形的面积等于小正方形和中正方形的面积之和。

几千年以来，这个伟大而神奇的定理一直是用下面的这张图来表示的，这张帮助我们记忆的图非常醒目，看起来就像 3 个跳舞的正方形。

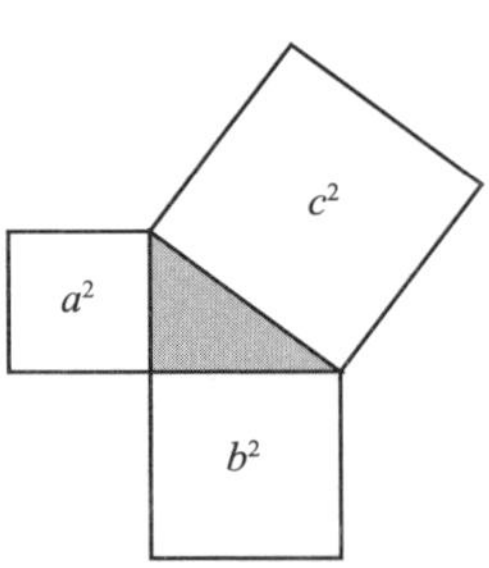

从面积而非长度的角度来看勾股定理，我们可以发现很多有趣的东西。比如，

你可以通过吃饼干的方法来验证勾股定理，你尝试先用很多小块的饼干拼出那 3 个跳舞的正方形，然后吃掉它们看看等式是不是真的成立。你还可以把勾股定理当成一个小孩子玩的拼图游戏，通过摆弄不同形状的拼图零片，轻松地验证勾股定理是否成立，让我一步步地做给你看。

首先，我们回到斜边上的正方形，再次重温一下，这个大正方形如下图所示。

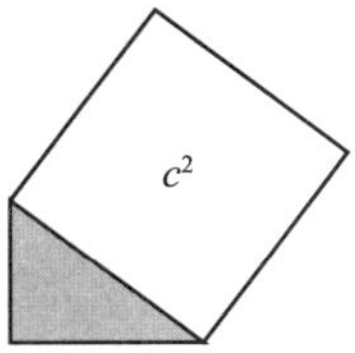

仔细看一眼这个正方形，你会感到一丝直觉上的不安，因为这个正方形看起来很不稳定，似乎随时要翻转着倒下来。还有一个让我不安的因素是，这个正方形的其中一边和直角三角形的斜边重合，而且这一边似乎可以是正方形四条边的任意一条，这种随机性和不唯一性，也让我感觉有点儿不舒服。

既然这样，就让我们顺从自己的直觉，补画另外 3 个三角形，从而得到一幅更稳定、更对称的图形。

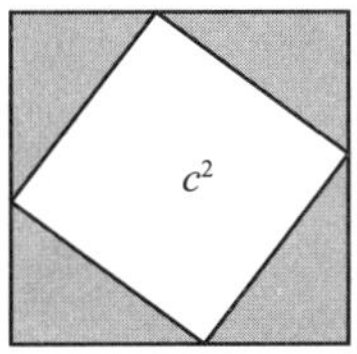

现在，让我们回顾一下我们的初衷：我们想要证明这个歪歪斜斜地靠在斜边上的正方形的面积（虽然添上了另外 3 个三角形，但是这个大正方形仍然是我们认识的那个大正方形。虽然现在一共有 4 个三角形围着大正方形，但不要忘了左下角的

那个才是我们要研究的那个直角三角形）等于小正方形和中正方形的面积之和。问题是：小正方形和中正方形到底在哪儿呢？让我们通过移动三角形的方法来找出小正方形和中正方形。

把上面的图片想象成一个拼图：这个拼图有一个正方形的框架，框架里面有4块三角形的拼图零片。

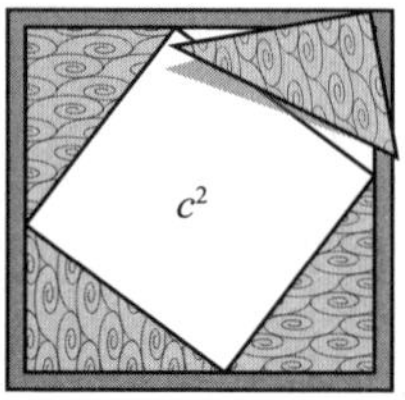

在这样的设定下，中间那个歪斜的正方形是拼图框架中间的空白部分，而框架内非空白的部分则被4个三角形拼图零片占据。

现在让我们来试着移动这4个拼图零片，用不同的方法拼出不同的形状，就像玩七巧板一样。显然，不管我们怎么拼，框架内空白区域的面积总是保持不变的，这是因为框架内的总面积不变，4块拼图零片的总面积也不会改变。

开动脑筋以后，我们非常聪明地把4个三角形拼成以下这个图形。

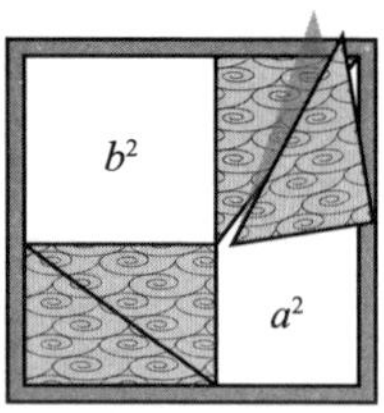

看到了吗？拼成上图图形以后，空白的区域变成了一个小正方形和一个中等大小的正方形，这不正是我们要证明的吗？如前所述，空白区域的面积永远等于大正方形的面积，所以，我们证明了勾股定理是成立的!

这种证明方法比其他证明方法好得多，它不仅让人们相信这个定理的存在，还非常形象地将其演示给人们看。这正是这种证明方法的“优雅”之处。

为了做出比较，在此我提供勾股定理的另一种证明方法。这种证明方法也很有名，而且还非常简单，因为它完全没有用到面积的概念。

我们还是假设一个直角三角形两条直角边的长度分别是 a 和 b，斜边的长度为 c，如下图所示。

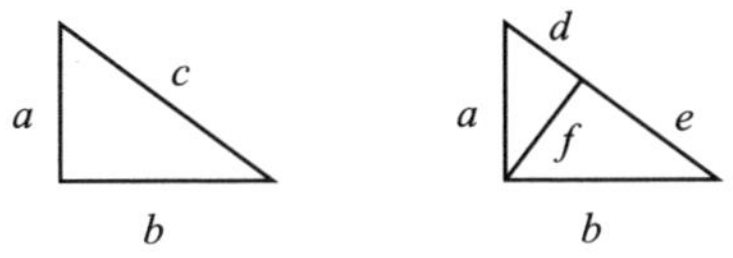

现在，假想我们突然接受了神灵的启示，或者突然才思泉涌、醍醐灌顶……总之，基于某些神秘的原因，我们决定画一条辅助线。这条辅助线从直角的顶点开始，垂直于三角形的斜边，如上图中的右图所示。

通过这条天才的辅助线，我们在原本的大三角形里面创造出了两个新的小三角形。很容易证明的是，这三个三角形的形状是相似的，也就是说，它们的形状是一模一样的，只是大小不同。因此，每个三角形的三边关系必然是一样的，即边与边长度的比值是一样的，翻译成数学语言就是：

$$\frac{a}{f}=\frac{b}{e}=\frac{c}{b}$$

$$\frac{a}{d}=\frac{b}{f}=\frac{c}{a}$$

同时，我们还知道：

$$c = d + e$$

因为我们只是画了一条辅助线，把原来的斜边c分割成了两个部分d和e，所以d和e的总长当然应该等于斜边c的长度。

看到这里，你可能感到有些头晕，心里会犯嘀咕：我们现在在做什么？下一步要做什么？让我来回答一下这两个问题：我们现在创造出了 5 个方程式，我们下一步的目标是使这 5 个方程式成为我们想要证明的等式：

$$a^2 + b^2 = c^2$$

怎么做呢？你不妨先自己研究一下。研究一会儿你就会发现，5 个方程式中有 2 个方程式是完全没用的，就这一点而言这个证明方法相当“丑陋”，因为一个“优雅”的证明里不应该有任何多余的东西。当然，这只是后见之明，因为在一开始，你根本不可能知道 5 个方程式中的哪三个是有用的。

不管怎样，通过找出那 3 个有用的方程式，然后进行研究，你就能得出$a^2 + b^2 = c^2$这个公式。

现在，我们来讨论一下这两种证明方法到底孰优孰劣。从审美的角度来说，我认为第一种证明方法要高明许多，你同意吗？第二种证明方法有很多不够优雅的地方：首先，第二种证明方法的结尾部分确实过长；其次，这只是一个几何证明方法。

但是，我觉得第二种证明方法的致命缺陷还不只是上述两条，它最大的缺点在于它太不直观了。当你终于艰难地完成了这个证明，你可能勉强相信勾股定理的成立，但是你仍然无法直观地看到它为什么成立。

关于证明方法的优劣讨论暂时告一段落。现在，我们来说说为什么勾股定理如此重要。原因在于，它揭示了关于空间性质的一个非常深刻而又非常基础的真理。勾股定理暗含了一个重要的信息：空间是平面的，而不是弯曲的。如果是在一个曲面上（例如地球仪表面或者面包圈表面），勾股定理就需要被修正才能继续成立。在爱因斯坦的广义相对论中，他成功地完成了这一挑战。在广义相对论中，重力不再被看作一种力，而是被看作一种空间弯曲程度的表现。事实上，爱因斯坦并不是第一个使空间弯曲的人，在他之前，黎曼和其他数学家已经走出了创造性的一步，奠定了非欧几何的基石。

从勾股定理到爱因斯坦的相对论，这中间还有很长的一段路。但至少这条路是一条直线，或者应该说，至少这条路的大部分路段是直线。

第 13 章

感性与逻辑兼备的几何证明方法

每一门数学课都一定有一个臭名昭著、惹人生厌的部分。算术学中最烦人的是长除法；代数学中最令人讨厌的是运用题；几何学呢？好吧，我知道人人都恨证明题。

对于刚开始学习几何学的学生来说，大部分人在此之前完全不知道证明题是什么。初次看到数学证明题，有人会觉得新奇，但更多的学生会觉得头晕目眩、深受打击。也许，数学证明就像药品一样，需要在上面贴上一个警示标签才好，比如：

> 警告！本证明可能导致头晕及强烈睡意。长时间接触数学证明可能会产生如下副作用：夜间盗汗，惊厥恐惧。极少数患者可能会患上欣快症。使用前请务必咨询医生的专业意见。

虽然数学证明如此令人迷惑不解，但学习数学证明的方法却是一种非常有益的教学活动。很多人认为，数学证明的技巧本身并不重要，重要的是在学习证明方法的过程中，学生们能够很好地锻炼他们的头脑，学会清晰而有逻辑的思维方式。也就是说，我们之所以要掌握几何学，并不是为了掌握三角、圆，以及平行线的性质，而是为了学会数学证明背后的思维方法，学会如何用严密的逻辑语言进行一步步的推论和证明，直到得到我们想要的结论为止。

这套数学证明的方法是由欧几里得在 2 300 年前发明的。数学证明法最早见于欧几里得所著的《几何原本》。到目前为止，《几何原本》是人类历史上重印次数最多的教科书。自发明之日起，欧几里得几何学一直被人们奉为严密逻辑思考的典范，不管是在科技领域还是法律领域，不管是在心理学界还是政治界，人类生活的方方面面都在试图借鉴和奉行这套逻辑思考的方式。比如，物理学家艾萨克 · 牛顿爵士就在他的传世著作《自然哲学的数学原理》中运用了欧几里得的方法。在这本书中，牛顿通过几何证明的方法，推导出一套关于重力和物体运动的深刻规律，这套规律完全由他原创，并且能够很好地解释伽利略和开普勒发现的关于抛物运动和星球轨道运行的规律。著名的哲学家斯宾诺莎在他的著作《伦理学》中也使用了这套方法。在哲学史上占有一席之地的伟大著作《伦理学》，全名为《依几何次序所证之伦理学》，该书系统运用了欧几里得的几何证明方法来探讨哲学问题。在书的一开始，作者就给出了一组公理以及各种公式，然后从中产生命题、证明、推论与解释。就连美国的《独立宣言》里也有欧几里得的话语。在《独立宣言》里，托马斯 · 杰弗逊写道，“我们认为以下这些真理是不言自明的”，这句话正是来自欧几里得的《几何原本》。欧几里得的《几何原本》一开篇就提出了一些定义、假设和所谓“不言自明的真理”，也就是我们所说的公理。在这些定义、假设和公理的基础上，欧几里得用命题和推导建立起了他的几何学大厦。在这个系统中，每个真理都是由其他真理推导而来的，它们之间的逻辑关系绝对无懈可击。在美国的《独立宣言》中，杰弗逊也使用了类似的体系，通过他的一步步推导和雄辩，《独立宣言》的最终结论——殖民地人民有权独立自治——就像几何定理一般不容辩驳。

也许你会觉得，把政治宣言与数学联系在一起未免有些牵强。你可能不知道，杰弗逊总统一直非常喜欢和崇拜欧几里得。1812 年 1 月 12 日，杰弗逊给他的老朋友约翰 · 亚当斯写了一封信。当时杰弗逊已经结束了他的第二任总统任期，过起了远离公众与政治的生活。在这封信中，杰弗逊提到远离政坛给他带来的快乐："我已经不再看报纸了，现在我每天阅读塔西佗和修昔底德的书，阅读牛顿和欧几里得的书。我觉得自己比以前快乐了很多。"

但是，在我们敬仰欧几里得的逻辑和理性的时候，也许我们忽略了一件非常重要的事情，那就是几何学其实也有直觉和感性（而非理性）的一面。如果没有灵感和直觉，就不可能有证明，或者说，根本不会产生可供证明的定理。就像作曲或者写诗一样，几何学也需要一些"无中生有"的本事。几乎每个领域都需要灵感女神缪斯的眷顾，在艺术领域中如此，在数学天地中同样如此。

为了详细阐述这个问题，我们来看一个小问题：如何构建一个等边三角形？所谓等边三角形，就是三边边长相等的三角形。这个游戏的规则是，给你三角形的一边，请你构建出一个等边三角形。题目给出的三角形一边（底边）是一条线段，如下图所示。

由这个线段出发，如何构建出等边三角形的另外两边呢？如何保证另外两边的边长和底边相等？我们手头的工具只有两种，一是直尺，二是圆规。直尺的作用是什么呢？它能够辅助你画出任意长度的直线，或者用直线连接任意两个点。圆规则能够让你以任意点为圆心、以任意长度为半径画出圆形来。

请注意，我们的直尺上没有刻度，不能用于测量长度（所以，不能用直尺去测量或复制底边的长度）。圆规也不能当量角器来用，也就是说，我们只能用圆规来画圆，而不能用它来测量角度。

现在规则已经解释得很清楚了，你可以开始着手解答这道题目了。来吧！

头脑停止运转了，世界静止了。这个问题到底该如何下手？

逻辑对解答这道题，一点儿用也没有。这时候，善于解答问题的人会知道：此刻只有放松心情，抱着游戏的态度探寻，才能找到一点儿感觉和灵感。比如说，也许我们应该用直尺从线段的两个端点开始画两条斜线，就像这样：

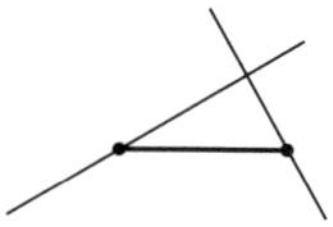

遗憾的是，似乎这个方法并不管用：这样确实可以构建出一个三角形，但是完全无法保证画出来的三角形是等边三角形。

要不试试用圆规画圆？但是，在哪里画呢？是以底边线段的一个端点为圆心画圆吗？

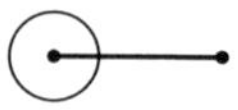

还是以线段中的某一点为圆心画圆？

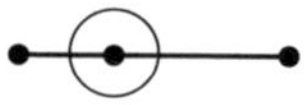

第二种想法与第一种想法相比更加不合理，线段上有那么多点，任选一点似乎毫无用处。

基于上述判断，让我们还是回到第一种想法上来：继续以底边线段的一个端点为圆心画圆。

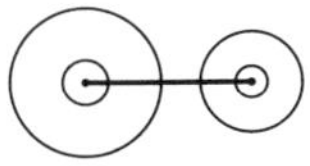

问题是，虽然我们选定了圆心的位置（底边的两个端点），但是画圆还是有很大的任意性。到底应该画多大的圆，也就是说圆的半径应该是多少？对此我们仍然毫无头绪。

这样继续摸索一段时间以后，我们开始感到疲惫，头也隐隐作痛，很多人会就此放弃这道题。但是，如果我们锲而不舍地进行探索，最终我们可能会产生一种感觉或者灵感：啊！最自然的画圆方法是这样的！让我们把圆规的一个脚放在线段的一个端点上，然后把装有铅笔芯的另一个脚放到线段的另一个端点上。然后，这么轻轻一转，我们就得到一个如下的正圆：

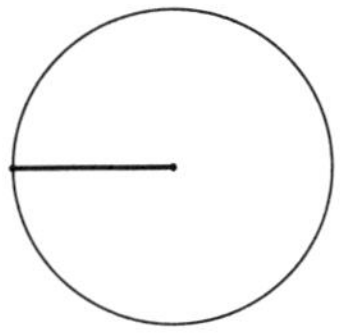

当然，我们还可以交换一下圆规的两个脚的位置，也就是用线段的左边一个端点作为圆心，画出另一个圆。如下图所示：

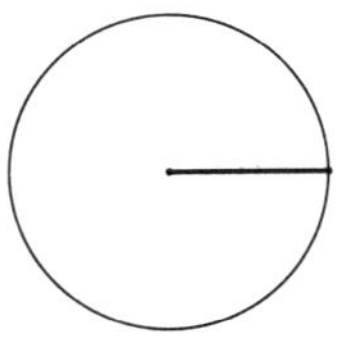

那么，如果把上述的两个圆同时画在一张图上会怎么样？（虽然并没有什么特殊的理由，但是这也是一种自然的尝试。）

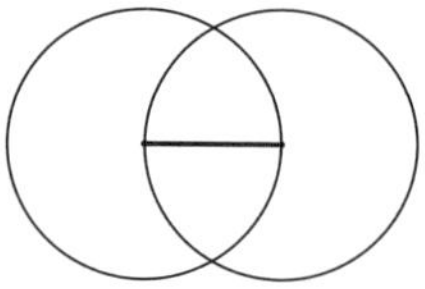

你发现了什么？灵感女神是不是刚刚眷顾了你？让我们仔细地观察一下上图，两个圆交叠区域的上半部分，看起来像不像一个略微变形的等边三角形？而这个三角形的顶点就是两个圆相交的部分。

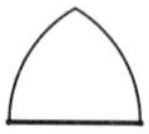

有了这个雏形，问题就好办了。让我们把这个变形的等边三角形变成一个真正的等边三角形：只要用直尺画两条直线，把两圆相交的点和底边线段的两个端点分别连接起来，我们就得到了一个真正的等边三角形。

在直觉的指引下，我们成功地走到了这一步，下面是逻辑大显身手的时候了。让我们用逻辑的方法来证明我们得到的确实是一个等边三角形。为了说明问题，我们将整个图形重新画出，并且将三角形的三个顶点命名为A、B和C。如下图所示。

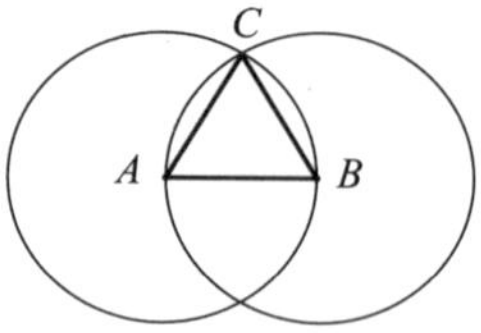

很明显，这个证明基本就是重复一遍等边三角形的定义而已。我们以线段AB的长度画了两个圆，C点同时在这两个圆的圆周上。所以，线段AC和线段BC的长度是一样的，都等于圆的半径，也就是说，AC和BC的长度都等于底边AB的长度。既然$AC = BC = AB$，那么该三角形的三边长度两两相等，所以根据等边三角形的定义，我们构造出的三角形ABC是一个等边三角形。证毕。

上述证明已经流传于世长达数千年了。这个证明是欧几里得最先证实的，是《几何原本》一书中第一册的第一个命题。但是，在给出这个证明的时候，教科书往往直接抛出最后一张图——两个巧妙的圆、完美的字母标注。我个人认为，这种教学方法恰恰剥夺了学生们寻找答案的乐趣，这是一个教学事故！实际上，前面几幅图才是最重要的，那几幅图是在灵感和直觉的指引下发现和探索的过程。我相信，只要有正确的引导，每一个学生都能凭自己的努力完成上述证明过程。

显然，上述证明的关键是，要有画出两个圆的灵感。运用类似的方法，我们还可以证明一个几何学中更加有名的结果：三角形内角和等于 180 度。

证明三角形内角和为 180 度的方法不止一个，我认为最好的证法并不是欧几里得的证明方法，而是在欧几里得之前由毕达哥拉斯给出的一个证明方法。具体的证明方法如下：假设一个任意三角形的三个内角分别为a、b和c。

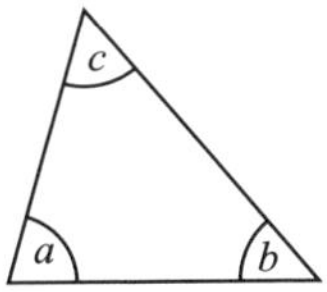

画一条经过三角形顶点的直线，这条直线平行于三角形的底边。

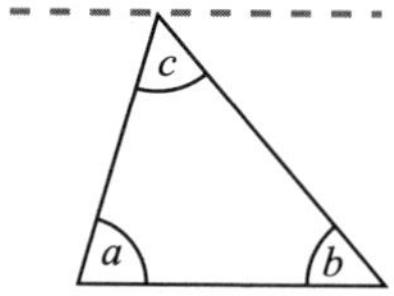

现在，我们要复习一下平行线的性质。如果两条平行线被第三条直线所截，如下图所示。

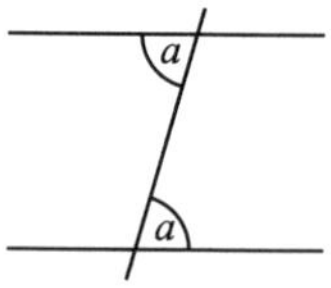

那么，上图中标为a的两个角相等。（如果你还记得术语的话，这两个角叫作内错角。如果两条平行线被第三条直线所截，则内错角相等，这是平行线的一个基本性质。）

现在，让我们来把平行线的这条性质运用到上图的三角形中去。我们已经画了一条和底边平行的辅助线，如下图所示。

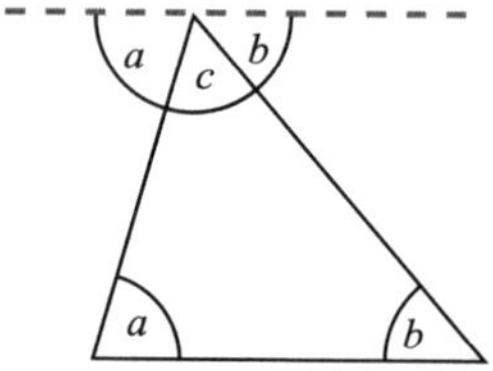

根据内错角相等的性质，我们可以发现，左上的角a应该等于三角形的内角a。同理，右上的角b也等于三角形的内角b。在三角形的上顶点处，a、b、c这 3 个角拼成了一条直线，因为直线的角度是 180 度，因此我们证得三角形内角和确实等于 180 度。

毕达哥拉斯的这一证明是数学史上最基础、最重要的证明之一。这种用平行线做辅助线的方法，给了我们无穷的灵感，照亮了我们前进的道路。只要画出这条神奇的平行线作为辅助线，下面的证明方法便呼之欲出，几乎不用思索，就像弗兰肯斯坦博士造出的怪物一样，不用推动自己就会走。

让我再假设一下。我觉得，如果有一天我们的数学教育能够换一种方法教几何学，强调几何学有趣、直觉和灵感的一面，告诉孩子们灵感的火花有时能给出漂亮又简洁的证明。那么，我想下一代的年轻人会对几何学产生更好的印象，他们在谈到几何学的时候也许会说：几何学不仅教会我逻辑，也教会我如何发挥创造性。

第 14 章

圆锥的魔法：从回音廊到抛物线

回音廊是一类很有趣的声学建筑，它的内部结构通常都是某种特定形状的拱顶。纽约市的中央火车站附近有一个著名的回音廊，就在一家名为生蚝酒吧的餐厅外面。回音廊是约会的好地方，你可以和恋人站在人来人往的通道两侧，相距 40 英尺甚至更远，却仍然可以悄声低语互诉衷肠。只要站对了地方，你们俩可以清晰地听到对方说的话，而通道里的行人却完全听不见你们的对话，真是相当奇妙！

为了达到这种效果，你和你的恋人需要找到回音廊的对角线，然后分别站在对角线两端的角落里，面对墙壁说话。你们所站的位置，在数学上叫作焦点，焦点是这个空间里的两个特殊的点，站在这里说话，你的声音会被集中放大，然后通过特殊弧度的墙壁和拱顶的反射，传递到你的恋人那里。当你在焦点位置说话时，你说话的声波会向四周传播，撞上四周的墙面并被反射。声波到达各处墙面的时间不一，所以反射的时间和方向也各不一样。这些被反射的声波各行其是，混作一团，当它们传到 40 英尺开外的地方时，那里的人已经无法听清你所说的话了（所以，经过的路人不会听到你和你的恋人的对话）。但是，当你站在焦点处说话时，所有被墙壁反射回来的声波却会在同一时间到达另一个焦点的位置。这些声波会互相加强，你的恋人因此能够清楚地听到你的声音。

椭圆形就有这样的聚焦性质，不过比上面的情况要简单许多。如果我们有一个内壁铺满镜子的椭圆形，这个椭圆里就会有两个特殊的点（下图中的F_1和F_2），它们叫作椭圆的焦点。椭圆的两个焦点有如下性质：从一个焦点发射出的任何光束都一定会被反射到另一个焦点上去。

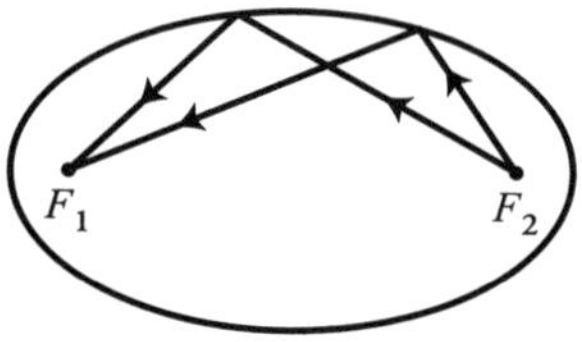

也许，这一切听上去并没有什么特别之处，但是这个性质真是非常神奇。只要我换几种说法来表述这一性质，你就会深刻地感受到它的神奇。

假设有两个男孩子，名叫达斯和卢克，他们喜欢玩激光射击的游戏。激光射击游戏的场所是一个椭圆形的镜廊——一个椭圆形的厅，内壁铺面镜子。达斯和卢克约定，不许用激光直接照射对方，只能通过激光的反射来攻击对方。达斯不大懂几何学，也不熟悉光学，他提议说，不如我们一人站到一个焦点上去吧。卢克说："好，但是你要让我开第一枪。"你是否看出来了，游戏的结果已经确定了，卢克一定会赢。因为不管卢克选择瞄准什么方向，激光一定会反射到站在另一个焦点上的达斯身上。再差的枪手也不会失手！

如果你觉得台球游戏比激光射击更有意思，我们就再举一个打台球的例子。想象我们在一个椭圆形的台球桌上打台球，其中的一个球袋是安放在椭圆的一个焦点上的。在这个游戏中，有一种百发百中的打法，那就是：只要把球放在椭圆的另一个焦点上，不管你朝哪个方向击球，不管你打得是否准，也不管球会在桌边的哪一点反弹，最终它一定会进袋。绝对弹无虚发，是不是很神奇？

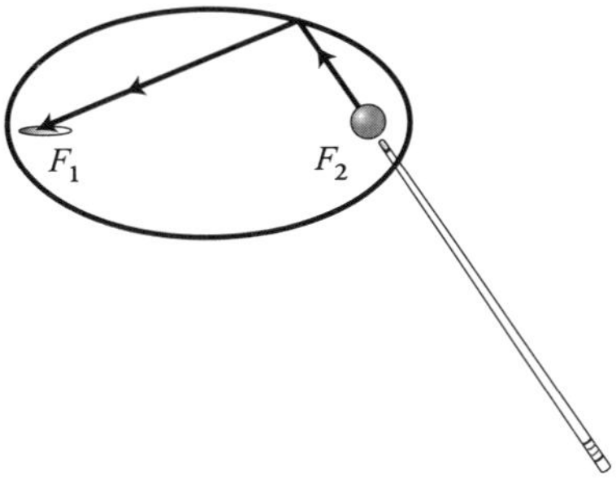

除了椭圆形之外，抛物线或者抛物面同样有神奇的聚焦功能。抛物线和抛物面可以把平行的波全部聚焦到一个点上。利用抛物线和抛物面的这种几何学性质，我们可以用它们来放大光波、声波或其他信号。比如，有一种抛物线麦克风，可以用来收集非常难听清楚的低语，因此抛物线麦克风可以用于监控、执法、窃听等活动。抛物线麦克风还可以用来录制自然界的各种微小的声音，比如鸟的歌声、动物的叫声等，我们看到的关于大自然的精彩纪录片就是用这种方法录音的。此外，在体育比赛的转播中，抛物线麦克风也很有用，有了它我们才可以在一片嘈杂中听清教练诅咒裁判的声音。除了收集声波用的抛物线麦克风，还有用于放大无线电波的抛物线天线。你注意过没有，卫星电视的接收器和用于天文观测的大型射电望远镜都是抛物面形状的。

把平行波集中到一点，这是很了不起的，这个过程的逆过程同样很有用。抛物线和抛物面还可以把一个点发出的波转化成一束平行的波。比如说，有时我们需要一束很强的指示用光束，比如探照灯或是汽车大灯。如果只是用单个灯泡，即使灯泡的功率再大，效果往往也不理想。因为单个灯泡会使光线发散，这样大部分的光都被浪费掉了，而单一方向上的光会因此明显变弱。要解决这个问题，方法非常简单，只要把灯泡放在一个抛物面反射器的焦点上就可以了。灯泡的光线射到抛物面的银色内壁上会发生反射，抛物面会自动地把灯泡发出的所有光线都朝着一个方向平行反射，这样做会使光的强度大大增加，真是太方便、太好用了！

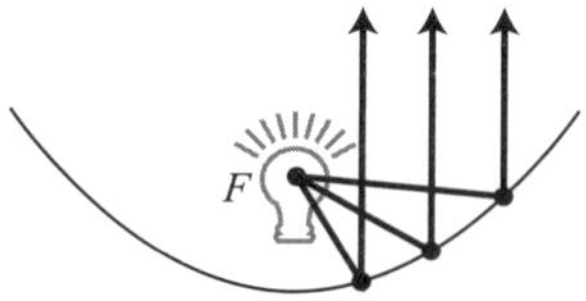

在了解了椭圆和抛物线（抛物面）的聚焦功能以后，你会很自然地想到，这并不只是巧合那么简单吧？抛物线和椭圆有没有深层次的联系呢？这些曲线在更基础的层面上，到底存在什么样的关系呢？

数学家和阴谋论者有很多共同点：他们都很多疑，尤其对一些神奇又很方便的巧合会疑心很重。好吧，这一次他们的怀疑又对了，椭圆和抛物线（抛物面）都有聚焦功能，这并非巧合，而是有原因的。这种多疑的态度在日常生活中可能会让人觉得你有妄想症，但是在数学上，多疑却是一种值得表扬的精神。在数字和图形的世界里，奇怪的巧合往往说明我们忽略了一些东西，说明我们还没有找到现象背后最本质的东西。奇怪的巧合，说明某些神秘的隐藏力量还没有被我们挖掘出来。

让我们深入地研究一下椭圆和抛物线之间到底有哪些联系。粗略看来，这两个形状并不相似，好像没有什么关系。抛物线是拱门形状的，是不封闭的，两侧呈一种舒展开来的形态；而椭圆则是扁圆形状的，是封闭的，是收缩的。

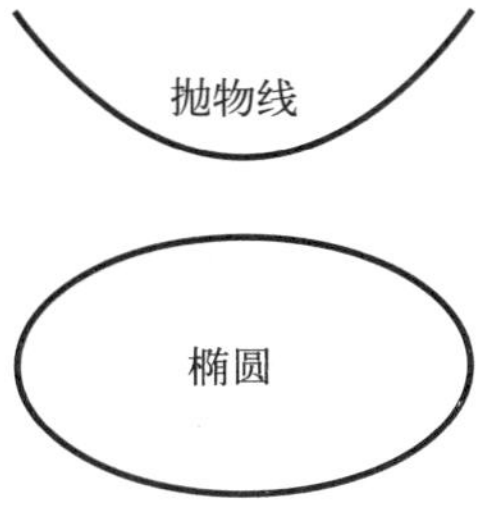

但是，如果我们用“法医”般的眼光来狠狠地审视椭圆和抛物线的内在性质，而不是只看它们表面的样子，就会发现这两种曲线的相似之处。这两种曲线都来自同一个曲线家族，它们之间的联系就好像兄弟姐妹的基因之间的联系一样明显。要看出这一点来，你首先要知道应该看什么。

为了解释清楚椭圆和抛物线之间的联系，我们必须首先搞清楚它们的定义。到底什么是椭圆，什么是抛物线？

抛物线是这样定义的：在平面内，到一个定点和一条不经过定点的定直线距离相等的点的轨迹（或集合）。这个定义非常拗口，但是其实它并不难理解，只要把这句古怪的话翻译成一幅图像，它的意思就一目了然了。我们给这个定点起名为F（F是“焦点”一词的英文首字母），给这条直线起名为L。如下图所示。

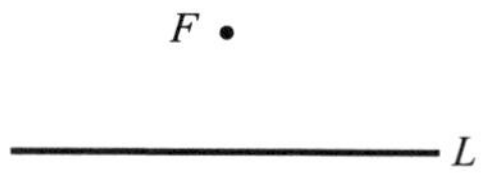

现在，根据定义，抛物线包括所有距离点F和距离直线L一样远的点。比如，下图中的P点就满足这个条件，P点在F点的正下方，在点F和直线L间距离的中点上，所以P点显然应该在这个抛物线上。

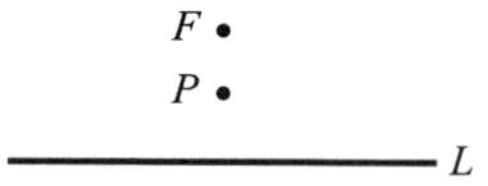

除了P点以外，还有很多其他的点，如P_1、P_2等，也符合上述标准。实际上，可以说符合这个标准的点有无数个，这些点分别处于P点的左右两侧，如下图所示。

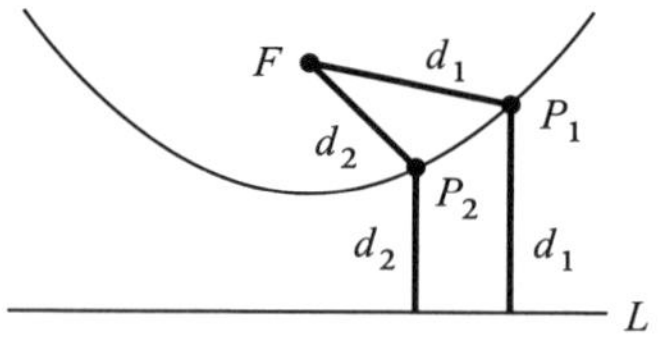

在上图中，点P_1到焦点F的距离是d_1，到直线L的距离也是d_1。点P_2到焦点F的距离是d_2，到直线L的距离也是d_2。点P_1、P_2都符合抛物线的定义，还有其他无数个点也是这样，这些点共同组成了一条抛物线。

为什么我们要把定点F称为抛物线的“焦点”呢？如果我把抛物线想象成一面弯曲的镜子，“焦点”这个词就很好理解了。抛物线的性质是（在此，我不会给出具体的证明）：如果你把一束平行光线垂直照入抛物线镜内，那么所有的光线都会被反射汇集到点F上。于是，点F会立刻变成一个聚焦了强光的点，所以我们称这个点为“焦点”。

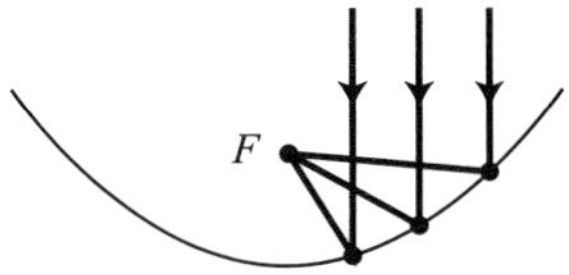

如果你尝试过老式的人工日光浴，它的原理就和上述原理类似。镜子聚集起强光，几乎要把顾客的脸灼伤。曾几何时，大家是那么热爱人工日光浴，可惜的是，当时人们并不了解这种日光浴会提高皮肤癌的发病风险。

讲述完抛物线的定义，我们再来看看椭圆的定义：椭圆是平面上到两定点的距离之和为常值的点的轨迹。这个定义听起来也有点儿让人头晕，不过只要我们试着根据这个定义画一个椭圆，就会发现其实它一点儿也不难理解。我们需要一支铅笔、一张白纸、一块软木板、两枚大头针和一根细绳。先把白纸铺在软木板上，然后用两枚大头针把细绳的两头钉在纸上，注意不要把绳子绷得太紧。然后，用铅笔拉紧绳子，让绳子成为一条折线，如下图所示。现在，我们可以开始画椭圆了，注意绳子要时刻保持绷紧的状态。铅笔绕着两个大头针转过一整圈回到起点以后，我们就得到一条封闭的曲线，这条曲线就是一个椭圆。

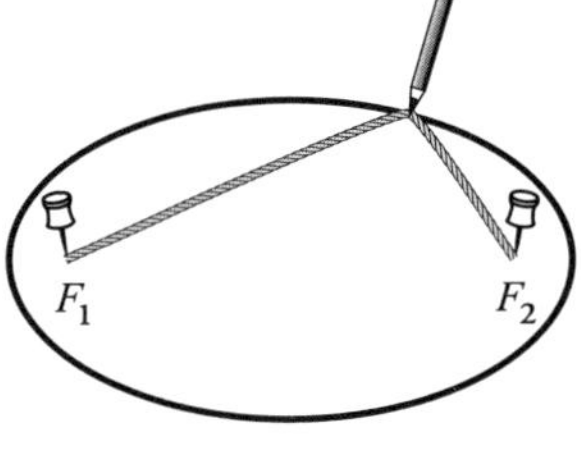

注意，上述的这种椭圆的画法严格遵照了椭圆的定义。两个大头针就是定义中所说的“两定点”。铅笔到这两个定点的距离之和始终是绳子的长度，因为绳子的长度是不变的，所以椭圆上的点到这两个定点的距离之和是一个常数。

现在请问：这个椭圆的焦点在哪里？很显然，两个大头针的位置就是椭圆两个焦点的位置。在此，我不打算详细证明焦点的性质，但是别忘了前面提过的达斯和卢克玩激光射击的故事，还有我发明的在椭圆形桌上打台球的故事。这两个游戏里百发百中的关键，就是椭圆焦点的几何性质。

好了，让我们再次回到我们之前的问题：为什么抛物线和椭圆都有神奇的聚焦功能？为什么只有它们有这种神奇的聚焦功能？抛物线和椭圆共同的秘密到底是什么？

这个秘密就是：它们都是圆锥的一部分。

什么？圆锥？你是不是觉得很意外，我们之前根本就没有提到过“圆锥”这个概念。是的，我是故意这么做的。这一切魔力背后的“黑手”正是圆锥，它始终神秘地隐藏在幕后。

要搞清楚抛物线、椭圆与圆锥有什么关系，我们需要想象自己手持一把菜刀，可以挥刀把圆锥切成一片片的。我们切圆锥的方法就像切黄瓜或者切香肠一样，斜着切，而且斜度越来越大。切圆锥的时候，如果我们完全水平地切一刀下去，那么切面会是一个圆。如下图所示。

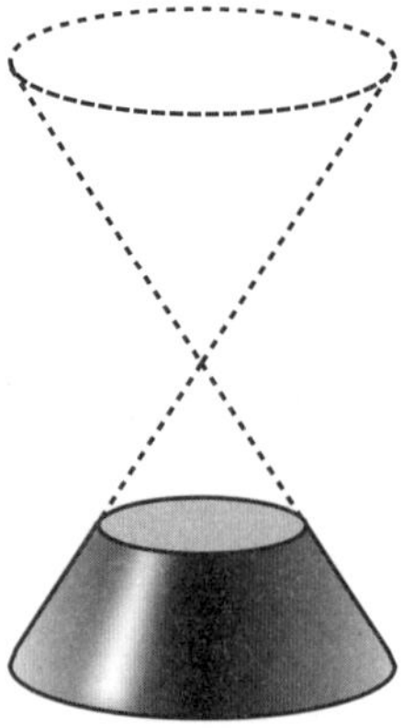

圆

而如果我们的刀倾斜一点儿，并非完全水平，那么切面就会变成一个椭圆。

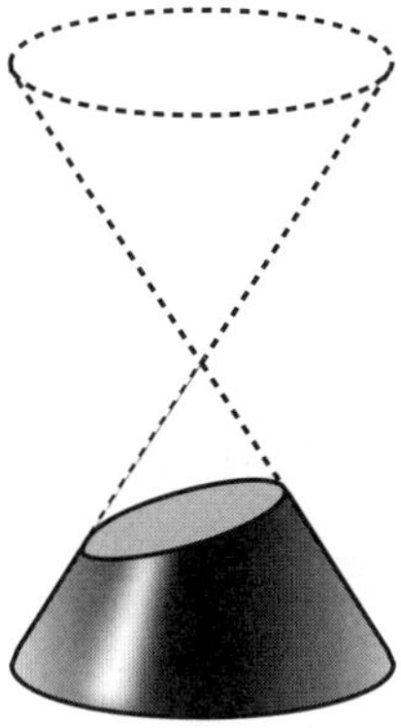
椭圆

随着我们的刀越来越倾斜，切面的椭圆就会越来越窄长和细瘦。切着切着，我们会遇到一个临界点，此时刀的斜度恰好等于圆锥的坡度，切面则变成了一个抛物线。

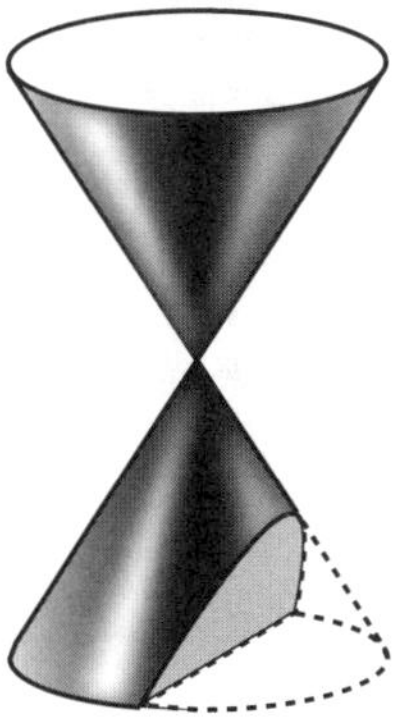
抛物线

现在，真相大白了：抛物线其实是一个乔装打扮的椭圆，它是某种临界条件或者极限条件下的椭圆。难怪它会和椭圆一样具有神奇的聚焦功能，它们本来就有相关性。

事实上，圆、椭圆和抛物线都属于同一个曲线家族，这个家族的名字叫作“圆锥曲线”，它们是一个联系非常紧密的大家族。为什么叫作“圆锥曲线”，相信上述内容已经说得很清楚了，因为这些曲线都是通过用一个平面切割圆锥而得到的。“圆锥曲线”家族里还有一个没出场的成员：如果我们的刀斜到几乎竖直的角度（角度大于圆锥自身的坡度），那么切出来的切面会是一个双曲线。双曲线和其他图形不太一样，它是由两条分开的曲线组成的。

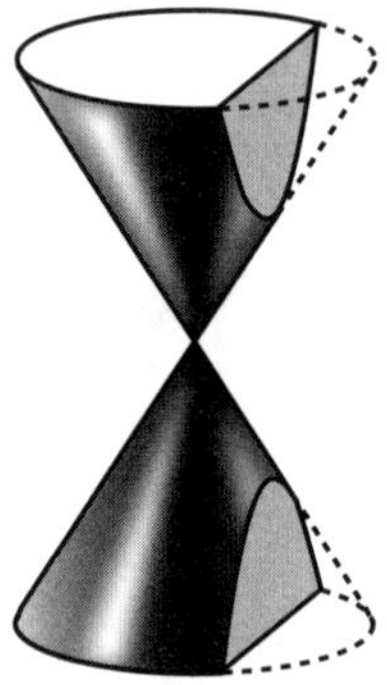
双曲线

换一种表达方式，圆、椭圆、抛物线和双曲线之间的联系就会显得更加紧密，我们可以借助代数工具，用二次方程式来描述这些曲线。在代数中，这 4 种曲线都是如下方程的图像：

$$Ax^2 + Bxy + Cy^2 + Dx + Ey + F = 0$$

在上述方程中，A、B、C 等数字的取值决定了方程的图像是圆、椭圆、抛物线，还是双曲线。在微积分学中，这些曲线可以用于描述物体在重力作用下的运动轨迹。

难怪行星会在椭圆轨道上靠着引力绕太阳旋转；难怪彗星穿过太阳系的轨迹有时为椭圆，有时为抛物线，有时为双曲线；难怪孩子抛出的球总是按抛物线轨迹飞向爸爸妈妈。这一切的背后，都是圆锥的魔法在起作用！

下次接球的时候，可别忘了拆穿这个把戏。

第 15 章

大自然中最常见的形状——正弦波

我爸爸有个好朋友，名叫戴夫，他现在已经退休了，居住在佛罗里达州的木星市。在我约 12 岁的时候，我们全家去佛罗里达州度假，顺便去拜访戴夫叔叔。那次拜访的过程中，戴夫叔叔给我们看了一样东西，这个东西让我们全家至今记忆犹新。

戴夫叔叔喜欢在甲板上欣赏佛罗里达州美丽的日出和日落的景色，因为这项爱好，他制作了一张图表，把一年中他每天观察到的日出和日落时刻记录下来。每天，戴夫叔叔在图表上标出两个点，一个点表示日出时间，另一个点表示日落时间。几个月以后，他从这张图表上发现了一个有趣的现象：日出时刻线和日落时刻线看起来像是两条正好相反的波。总的来说，日出时间的曲线高一点儿，日落时间的曲线低一点儿。也就是说，一般日出时间提前一点儿，日落时间推后一点儿。

但是，也有一些例外的情况。比如说 6 月的最后 3 周、整个 12 月和 1 月上旬，这些时段内每天日出和日落的时间会同时推迟，使得这几部分的波形显得有些变形。

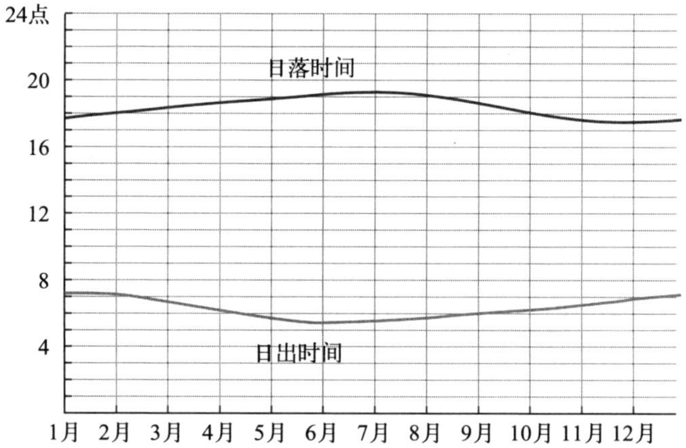

虽然如此，这张图还是展示出了不少重要信息：从上图中可以很轻易地看出，日出时间和日落时间的间隔在一年中呈周期性变化的特征。随着季节的变化，白天的时间渐渐变长，然后又慢慢缩短，周而复始。通过用下面那条曲线减去上面那条曲线，戴夫叔叔很轻松地算出了每日的日照时间的长短。日照时间的长短显然也是随着一年中的季节变化而变化的。但是出乎戴夫叔叔意料的是，这条日照时间长短的变化曲线没有任何变形和不完美的地方，这条曲线绝对规整，而且完全对称！

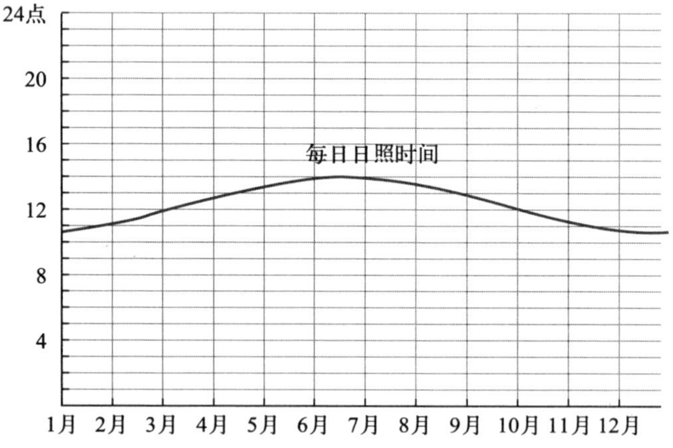

从上图中可以看出，这条每日日照时间的变化曲线几乎是一个完美的正弦波。“正弦波”这个词听上去应该并不陌生，我们在高中的三角学课上都学过。当然，你的高中老师可能很少用“正弦波”这个词，而是大讲特讲“正弦函数”。正弦函数是度量三角形边和角之间关系的一个非常基本的数学工具。正弦函数是三角学的撒手锏之一，它给古代的天文学家和测量师们带来了很多便利。

三角学这个名字虽然听起来很朴素，但是，如今“三角学”的领域已经超出了对三角形的研究。三角学不只研究三角形，还研究圆形。通过对圆的研究，三角学使得我们可以分析任何重复性、周期性的事物：从大海的潮汐到人的脑电波。可以说，三角学是关于周期的科学。

为什么三角学会把三角形、圆形和波联系在一起呢？要说清楚这个问题，先让我们来想象这样一个画面：有一个小女孩坐在一个摩天轮里，这个摩天轮一直周而复始地转啊转啊。

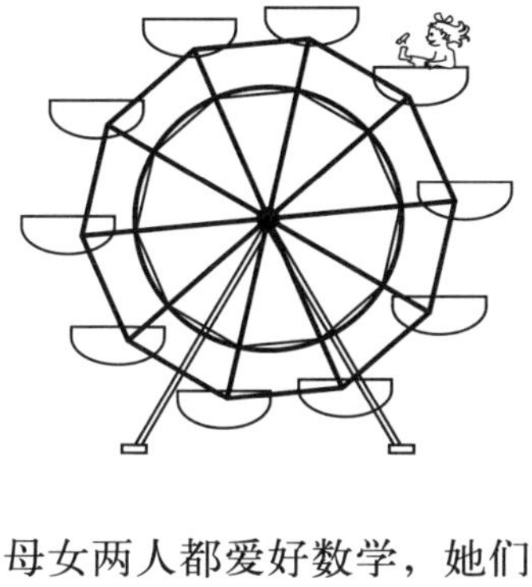

小女孩的妈妈也在场，母女两人都爱好数学，她们觉得这是一个做数学实验的好机会。于是，小女孩把一个卫星定位仪随身带上了摩天轮，这个仪器可以随时记录下她所处的海拔高度。随着摩天轮的转动，小女孩不断升高，一直升到让人心跳加速的最高点，然后小女孩又开始下降，回到最低处，接着继续上升，重复上述旋转过程，周而复始。卫星定位仪记录下来的小女孩的高度是如何变化的呢？让我们来看看下图的结果。

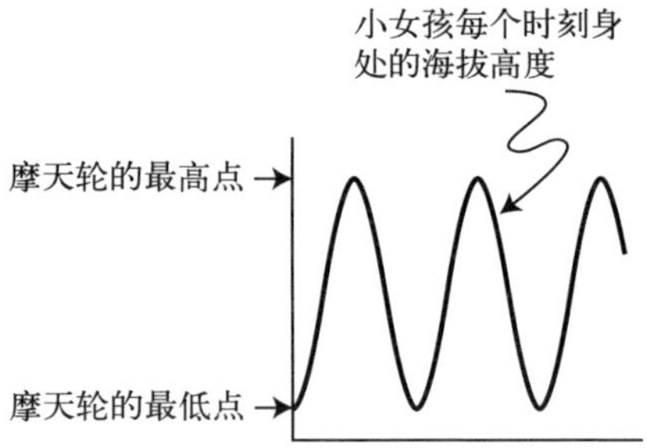

这个图形就是一个正弦波。当一个人或一个物体沿着圆周运动时，如果我们记录下他在水平方向或是垂直方向上的位移情况，我们就会得到一个正弦波。

那么，这种正弦波和数学课上讲到的正弦函数有什么关系呢？要解答这个问题，我们需要思考一下这个小女孩在某一个时刻所处的位置。在下图中的这个时刻，小女孩的位置和圆心发出的水平线（图中虚线）成一个角度，这个角度我们记作角α。

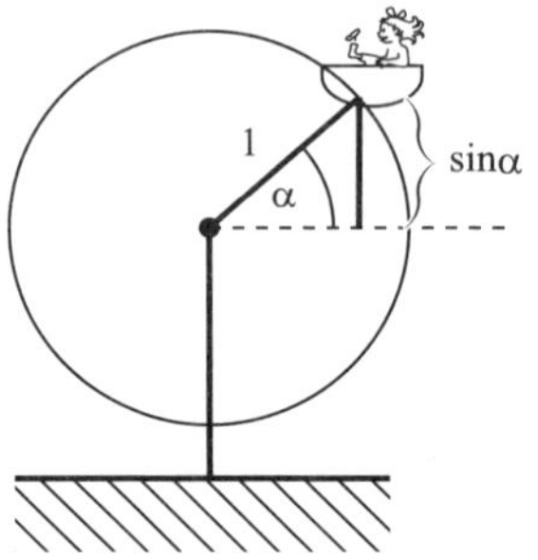

为了简单起见，让我们假设上图中三角形的斜边长度是1，也就是说这个摩天轮的半径为1。那么，sinα就是此刻小女孩所处的高度。在这里，我们把摩天轮圆心所处的水平线定义为参照平面，小女孩的高度是相对这个参照平面而言的。当小女孩和图中虚线所成的角度为α的时候，她的高度就是sinα。

随着摩天轮不断旋转，α的角度也是不断变化的，很快，角α超过了 90 度，也就是说，角α不能被看作一个直角三角形的内角了。这可怎么办呢？我们是不是就不能继续用三角函数了呢？

当然不是。百折不挠的数学家们才不会被这点儿小困难吓倒，他们立刻扩大了正弦函数的定义范围，让正弦函数可以适用于任意角度（而不仅仅是零到 90 度的角度）。随着定义的扩大，sinα 仍然表示小女孩的高度（以圆心所在的水平线为参照面），但现在这个高度可以是正的，也可以是负的，因为有时候小女孩在圆心水平线以上，有时则在圆心水平线以下。随着角α的度数不断增加（或者不断减少，甚至变成负数），sinα 所呈现的函数图像就是我们所说的“正弦波”。每当角α为 360 度（一个整圆）时，正弦波的图形就重复一次。

圆周运动和正弦波之间的转化，存在于我们日常生活的方方面面，不过我们很少会注意到。在办公室里，我们头顶的日光灯总是发出轻微的嗡嗡声，是因为远在电网的另一端，发电机正在以每秒 60 周的速度运转，而这种重复圆周运动被转化成了交流电。如果没有交流电，就不会有我们现代化的生活方式所需的一切电器，交流电正是一种正弦电波。当你对我说话，而我用耳朵听你说话时，我们两人的身体都在使用正弦波。你的声带震动是正弦波，由此产生了声音；我的耳内毛细胞的震动也是正弦波，由此我才能听见你的声音。只要我们敞开心扉，倾听正弦波那无声的吟唱，我们就会感到一种深深的触动。正弦波几乎能够让我们的灵魂产生共鸣。

当美人玉指轻拨吉他弦，当孩子玩耍甩动跳绳，所产生的形状都是正弦波的形状。池塘里的涟漪、沙丘上的波痕、斑马身上的条纹，这一切都是大自然中最自然、最常见的形状。在荒凉和虚无之中，在单调和寂静的地方，升起了美丽的正弦月，世界因此充满活力。

为什么正弦波的形状如此常见？这背后有着深刻的数学原因。每当平衡体系变得不稳定的时候——不管失衡的原因是物理的、化学的还是生物的——失衡产生的第一个信号就是正弦波，有时候是一个正弦波，有时候是几个正弦波的叠加。

正弦波是大自然中各种形状的基石，它就像原子一般重要：没有原子就没有任何物质，没有正弦波就没有任何形状和组织。在拉丁语中“sine qua non”意为某物产生的必不可少的前提和先决条件，其中的sine恰好与英文中的“正弦”一词拼法一致。

事实上，“正弦生万物”这句话真的一点儿也不夸张。从量子力学的角度上说，万物的基础——原子就是一些正弦波组合（即正弦波的叠加）。从宇宙学的角度来说，正弦波也是世上万物存在的基础。天文学家们通过研究宇宙微波背景辐射的光谱（即其中的正弦波的性质和形态），发现此光谱的性质与“宇宙暴胀理论”的预测最为吻合。目前，“宇宙暴胀理论”是研究宇宙的产生和发展的理论中最为成功的一个。根据宇宙暴胀理论的预测，万物起源于宇宙大爆炸，在大爆炸的过程中，处处均匀的平衡体系变得不稳定，最初的非均匀正弦波也随之产生。这些原始的正弦波是从寂静和虚无中生出的物质和能量所激起的涟漪，它们催生出物质，催生出我们的宇宙。

恒星、星系、在摩天轮上玩耍的小孩……这一切都来自宇宙大爆炸时产生的正弦波。所以，古人说“无极而太极”，我们说“正弦生万物”。

第 16 章

圆周率是如何计算出来的？

上中学的时候，我喜欢和朋友一起钻研一些经典的难题和悖论。比如，最无坚不摧的力量作用于最坚不可摧的东西上，结果会怎么样？很简单，两者都会爆炸。在我们 13 岁的时候，我们总是能轻而易举地回答各种哲学问题。

其中有一个问题让我觉得很困惑：如果我和墙壁之间有一段距离，我每次都朝向墙走近距离的 1/2，最终我到底能不能走到墙根儿那里去？这个问题令我感觉相当不安：我是否会无限地接近某个东西，却永远无法真正到达呢？（这大概是青春期焦虑的一种高级隐喻吧。）这个念头太恐怖了。无限总像是蒙着一层薄薄的面纱，怎么看也看不透。如果我每次都走近距离的 1/2，我是否需要走无穷多步才能贴近墙？而且，我的步长会趋于无穷小吗？这太令人费解了。

几千年来，这样的问题总是让人类头痛不已。公元前 500 年左右，埃利亚的芝诺提出了 4 个关于无穷的悖论，给同时代的人们制造了许多困惑和烦恼。在之后的几个世纪中，无穷的概念一直不被数学界所认同和承认，我想埃利亚的芝诺需要为此负一定的责任。在欧几里得的几何理论中，只承认可以由有限步操作构造出的对象，因为“无限”这个概念被认为太虚无缥缈、太不可言喻，而且在逻辑上也不够严密。

与欧几里得不同，另一位伟大的古代数学家阿基米德却认识到了无穷的强大力量。借助“无限”的力量，阿基米德解决了一些用其他方法无法解决的问题。在这个过程中，他差一点儿就发明了微积分——这比微积分的最终发明人牛顿和莱布尼茨提早了近 2 000 年的时间。

在本书的下一部分里，我会详细讨论微积分这个天才发明的伟大与美丽。现在，我们先看看在计算圆周率π的过程中，微积分的理念是如何崭露头角，并给我们留下了最初的惊鸿一瞥。

首先，我们来复习一下什么叫作圆周率。圆周率是两个距离的比值，一个距离是圆的直径（穿过圆心且两端均在圆上的线段），另一个距离是圆的周长（整个圆周的长度），周长和直径的比值就是圆周率π。

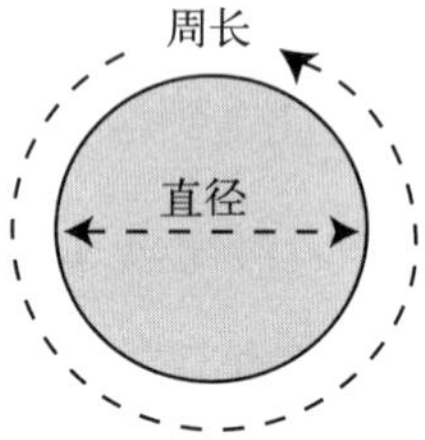

如果你是一个谨慎严密的思考者，说到这里你可能已经开始担心了：如何保证所有圆的圆周率都一样？大圆和小圆的圆周率是否会不同？答案是：不会。所有圆的圆周率都一样。要严格证明这个结论并不容易，这里我给出一种比较直觉化的说明。

假设我们有一台复印机，这台复印机具有缩放功能，可以把圆形的图像放大或缩小，比如说我们把一个圆的形状缩小 50%。因为我们用的是复印技术，这样做以后，新产生的小圆图像中的所有距离都比大圆缩小了 50%，包括圆的周长和直径。那么，当我们计算小圆的圆周率时，分子和分母上的两个 50% 应该互相抵消，所以小圆的圆周率和大圆的圆周率完全一致。这个通用的圆周率就是π。

当然，以上的推导并不能告诉我们圆周率π的值有多大。拿出最原始的工具——绳子和尺子，我们就会发现圆周率π的值约为 3。如果你量得再准确一些，就会发现圆周率π的值接近于$3\frac{1}{7}$。但是我们还不满意，我们想知道圆周率π的精确值，或者至少知道圆周率π在我们选定的任何精度要求下的估计值。怎么才能做到这一点呢？这个问题把我们的祖先们难住了。

在揭示阿基米德的天才算法之前，我们先谈谈圆周率π和圆的另一个重要联系。圆的面积公式如下：

$$A = \pi r^2$$

这个公式里的A是圆的面积；π是一个希腊字母，代表圆周率；r是圆的半径，也就是直径的 1/2。

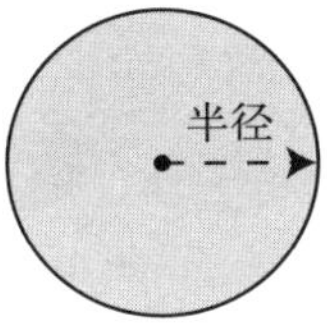

我相信每个人在中学的学习生活中都背诵过这个公式。但是，这个公式是怎么得来的呢？中学的几何课上通常不会给出圆面积公式的证明。如果之后你上了大学，学习了微积分课程，你可能看到过用微积分完成的对圆的面积公式的证明。但是，学习微积分真的有必要吗？证明一个如此基本的公式，真的一定要用到微积分知识吗？

答案是肯定的。

问题的难点是：圆是曲线，而不是直线。如果圆是由直线围成的，就不会有任何问题：长方形、正方形、三角形的面积都不难求。但是，要计算曲线围成的图形的面积，比如圆的面积，就没那么简单了。

在数学领域，我们应该如何研究和处理曲线？我们可以把曲线想象成是由很多小段的直线构成的。当然，事实并非如此，因为曲线是光滑的，很多小直线连起来得到的也只能是不光滑的折线。但是，这种思路是完全行得通的，只要你增加一个取极限的步骤：想象曲线是由无数多段小直线构成的，每一段小直线的长度是无穷小。这其实就是整个微积分知识中最基本、最核心的理念。

有了这个理念以后，如何求解圆的面积呢？方法不止一种，下面我们给出其中的一种方法。首先，我们把一个圆平均切成 4 份，然后摆放成下图中的形状：

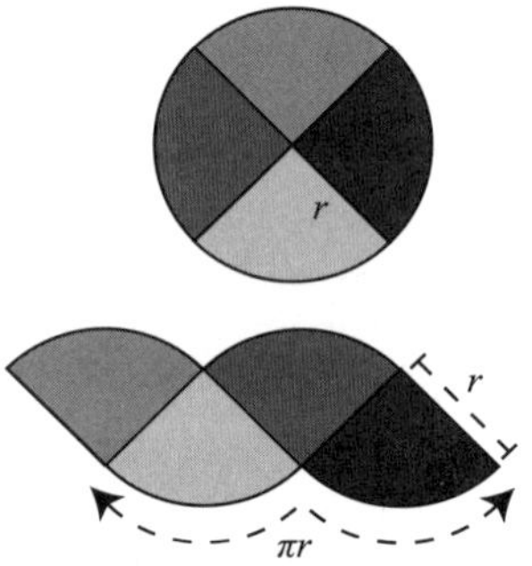

上图中，牙印般形状的面积和圆的面积是一样的。这个事实看起来毫无用处，因为我们也不知道如何求解这个奇怪图形的面积。但是，通过这个变形的过程，我们却得到了两条很重要的信息：第一，图形下半部标出的两段弧线的长度和是圆周长的 1/2（另一半现在变成了图形上半部分的两段弧线）。既然圆周长等于直径乘以圆周率，那么这两段弧线的长度和就应该等于半径乘以圆周率（因为半径是直径的一半）。所以，我们在上图中标示出的这两段弧线的长度和为πr。第二，这个奇怪图形左右两侧的直线部分长度为r，因为这个图形是由 4 个 1/4 圆形拼成的，而这两条直线原本就是圆的半径。

现在，我们来重复上面的步骤。这一次我们不把圆平均切成 4 份，而是平均切成 8 份。拼合的方法和上面一样。

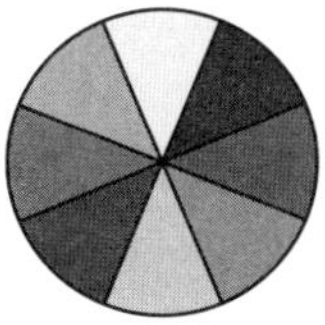

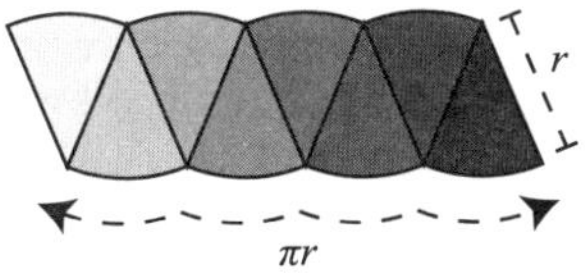

这个展开的形状看起来比上一个好一些。虽然上下边界还是由很多小圆弧组成，但是，参差不齐的程度有所降低。另外一个进步是，左右两边的直线也没有 4 等分的时候那样倾斜。虽然如此，上一段提到的两个性质却没有变：一是底边长仍为πr；二是左右两边长仍为r。而且，这个牙印形图案的面积显然还是等于切割前的圆形面积，因为我们只不过是把圆形切开并展开了而已。这个圆形的面积，正是我们想要求解的结果。

按照这个思路，我们把圆形切割成越来越多的小块，然后再拼接起来，看看会发生什么情况。奇迹发生了，那个牙印般的图案越来越像一个长方形，上下两边越来越平滑，左右两边几乎要垂直于水平线了。

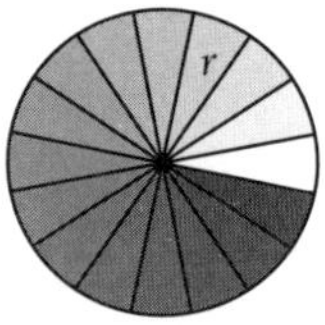

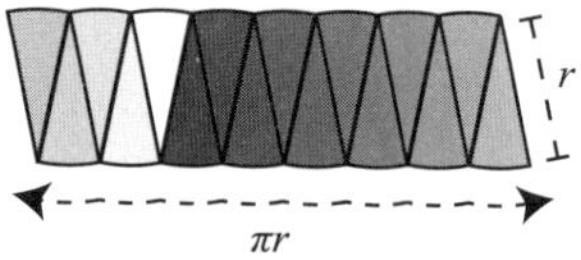

可以想象，当我们把圆切成无限多个等分，再以上面的方法重新拼接，我们就会得到一个长方形。上面的两个性质仍然成立：长方形的底边长为πr，高为r。

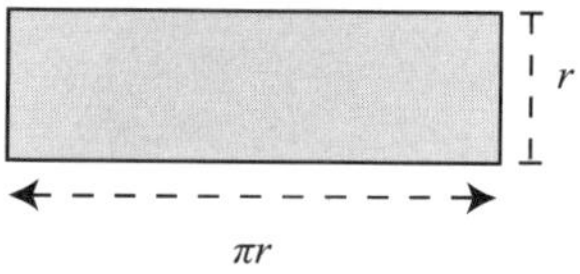

现在，问题已经变得非常简单了。长方形的面积等于长乘以宽，πr乘以r等于πr^2。拼接出来的长方形面积等于原来的圆形面积，所以圆的面积是πr^2！

这个解法的美妙之处就在于它引入了无限和极限的概念，这个概念救我们于水火。一开始，那个牙印般的图案看起来十分奇怪，求解它的面积比求解圆的面积还要困难。但只要用上极限这个“武器”，我们终于走到了那面不可抵达的墙的墙根下，一切都变得简单而美丽，云开雾散，豁然开朗。这就是微积分的伟大和美好。

阿基米德用类似的方法求解出了圆周率。他的想法是这样的：圆可以用正多边形来代替，不断把多边形的边数加倍，最后我们就会得到一个圆。为了控制圆周率的计算精度，阿基米德把圆限制在一个内接多边形和一个外切多边形之间，下图表示了 6 等分、12 等分和 24 等分的情况。

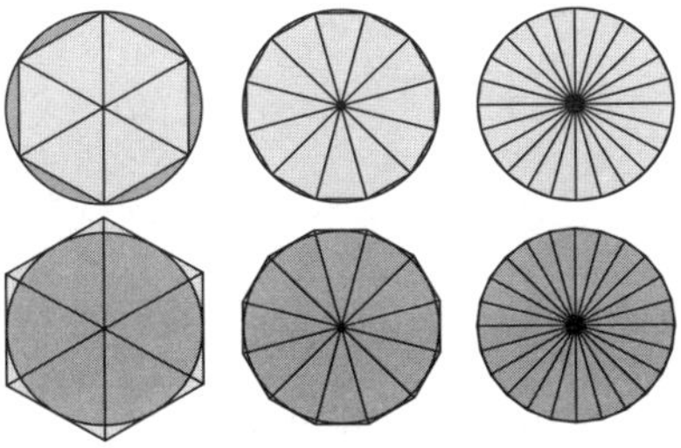

然后，阿基米德通过勾股定理来计算这些多边形的周长，从 6 边形开始，到 12 边形、24 边形、48 边形，一直算到了 96 边形，逐步逼近圆周率的值。用 96 边形算出的圆周率范围是：

$$3\frac{10}{71} < \pi < 3\frac{1}{7}$$

如果用小数表示（阿基米德的时代还没有小数），那么阿基米德算出的圆周率范围是 3.140 8~3.142 9。

阿基米德使用的这种方法叫作“穷竭法”，因为这种方法把一个未知数 π 限制在两个已知数之间，然后不断挤压这两个已知数，让这个范围越变越小。多边形的边数不断增加，π 的取值范围就不断减小，最终无限逼近于 π 的精确值。

运用极限的思路，如果多边形边的数目趋向于无穷大，那么这个上限和下限都会趋近于 π。遗憾的是，这个极限并不容易计算，没有之前把圆展开成牙印形图案的例子那么简单。圆周率 π 依然是那么难以捉摸，我们可以不断地算出小数点后的更多位（目前的纪录是小数点后的 2.7 万亿位），但却永远无法窥得它的全貌。

除了为日后的微积分学打下基础以外，阿基米德还向我们展示了迭代的力量。他先算出一个不错的近似值，然后再在这个近似值的基础上，算出更加精确的近似值，一步步逼近准确值。通过增加小直线的数目，阿基米德越来越精确地模拟出一条平滑的曲线。

2 000 多年过去了，这一思路仍然毫不过时，现代的“数值分析”领域正是基于这种迭代的理念。工程师们用数值分析的方法设计流线型的汽车车身，生物学家用数值分析的方法模拟抗癌药物攻击癌细胞的机制。

数值分析领域内的数学家和计算机学家们运用阿基米德的思想，创造出了很多高效率的迭代算法，有的算法每秒可以运算数十亿步。运用这些算法，世界各地的超级计算机正在不断挑战和解决着现代社会中人类面对的各种问题：从生物技术到互联网科技，再到华尔街的金融交易问题，通通可以用数值分析的方法来解决。这些算法的共同特点是：不断找到更精确的近似值，步步为营地逼近我们想要求得的精确解。

无限和极限的力量，永无止境！

The Joy of *x*

第4部分　变化

第 17 章

微积分：找出最优路径的最可靠方法

在我很小的时候，离我真正学习微积分知识还有很多年的时间，我就对微积分萌生了一份奇妙的感觉。我爸爸曾用一种十分敬畏的语气谈到微积分。出生于大萧条时期的爸爸没有机会接受大学教育，但是在他生命中的某个时段，他产生了对于“微积分能做什么”这个问题的微妙见解，也许是他在南太平洋修理B－24轰炸机引擎的时候。我爸爸认为，如果有一种全自动控制的高射炮，能自动发现敌机并瞄准敌机开炮，那么只有微积分这种高深的知识才能很好地控制高射炮，让它们向正确的方向开炮。

每一年，美国有100万大学生研修微积分课程。不过我想，这其中只有很少一部分人能说清楚微积分到底是什么，以及自己为什么要学微积分，这并不是这些学生的错。微积分的知识中有那么多的技巧需要掌握，那么多新的理念需要消化和吸收，以至于我们很容易就忘记了这个学科的宏伟蓝图和大方向。

微积分是研究“变化”的数学。微积分可以用来描述流行病的传播过程，也可以用来描述弧线球的线路变化。它适用的范围如此之广，所以微积分教科书的种类也有很多。很多的微积分教科书有上千页，但是作用并不大。

如果你善于总结，你就会发现在这些汗牛充栋的微积分教科书中，闪光的核心主题只有两个，而其他的一切，用拉比 · 希勒尔的话来说，都只不过是这两条主题的注解。这两个主题就是“导数”和“积分”。导数和积分各占微积分课程的1/2，前半部分内容叫作“微分”，后半部分内容叫作 “积分”。

粗略来说，导数描述一个事物的变化速率，积分则告诉你这些变化积累起来的总体效果有多大。导数和积分在完全不同的时间发明于世界上两个完全不同的地方。积分的内容最早出现于公元前250年的古希腊，而导数的内容则于17世纪中叶才在德国和英国被发明。虽然来历大不相同，但实际上导数和积分之间却存在一种重要的联系——这样的情节大概只有在狄更斯的小说里才会出现。人类花了近2 000年的时间，才看出了这两者间的“血缘关系”。

在下一章的内容中，我们将会仔细探究这种神奇的“血缘关系”，并且介绍积分的具体概念。本章中我们先打好基础，来讨论一下导数的问题。

在我们的生活中，导数无处不在，只是我们常常对它“相见不相识”。比如，一个斜坡的坡度就是导数。和其他导数一样，坡度描述了一种变化速率：在这个斜坡上每走一步，你会上升或下降多少高度。陡坡的导数（坡度）比较大，而轮椅可以爬行的缓坡的导数（坡度）则比较小。

导数的身影几乎出现在所有的学科和领域中：经济学中的边际收益、金融学里的增长率、物理学中的速度、地理学里的坡度，不管被赋予什么样的名字，这些内容的本质都是导数。遗憾的是，很多学生学习过微积分的课程以后反而糊涂了，认为导数只有一种意义，那就是表示一条曲线的斜率。

当然，这种误解也是可以理解的。也许我们过度依赖用图像来表示变量之间的关系，每个领域的科学家都喜欢把x和y画在同一张图上，以此让这两个变量的相互作用图像化。这种图像变成了一种通用的数学语言。科学家们所关心的变化速率——不管是病毒的繁殖速度，还是飞机的飞行速度等——就这样被转化成了一个简单却十分抽象的内容：曲线的斜率。于是，可怜的学生们被困在了这个抽象的囚笼里，反而忘记了导数本来是很具体的、很实际的东西。

和曲线的斜率一样，导数可以是正数、负数，也可以是零。正导数代表上升，负导数代表下降，而导数为零则代表不变。让我们想象一下迈克尔 · 乔丹灌篮前在空中飞行的轨迹吧。

在乔丹刚起跳的时候，他的垂直速度（垂直速度是指乔丹身体所处的高度随时间变化的速率，所以垂直速度是一个导数）是正的，因为起跳后他的身体正在上升，身体所处的高度随着时间变化而增加。反之，在下落的过程中，乔丹的垂直速度是

负的。当乔丹处于空中飞行路线的最高点时，他的高度在那一个瞬间是既不增加也不减少的，垂直速度为零。从这个角度看，正如人们所说的，乔丹在那一刻是“挂在半空中”的。

在这个过程中，还涉及一个通用的规律——事物到达高峰或低谷的时候，正是它们变化得最慢、变化速率最低的时候。在我居住的美国纽约州伊萨卡市，可以很清楚地观察到这个规律。在冬天最寒冷的时候，日照时间短得可怜，一天结束另一天开始，日照时间几乎一点儿也没有变长。而一旦春天到来，白天的时间就一天比一天长，增长速率十分明显。这个现象是非常普遍、非常自然的。越是在极端的情况下（在高峰和低谷的时候），事物的变化越是缓慢。这是因为在高峰和低谷的点儿，导数是零，也就是说，在那个瞬间，没有任何变化发生，事物暂时静止了。

高峰点和低谷点的导数为零，这个简单的性质可能是微积分学里最实际、最有用的性质之一。有了这个性质，我们就可以通过求解导数来找到一个函数的最大值和最小值。人们常常想找出完成一件事情的最快、最好或是最经济的方法，这就涉及求解函数极值的问题。

我在高中的微积分老师乔弗瑞先生把求解函数极值的问题讲解得十分生动。有一天，他几乎是蹦蹦跳跳地进了教室，告诉我们他在雪地里远足的故事。乔弗瑞先生说，因为风很大，把别处雪地上的雪全吹到了他面前的这块雪地上。他面前的这块雪地的积雪特别厚，所以在这块雪地上他只能慢慢地走；而远处的一块草地上则完全没有积雪，走起来应该很轻松。乔弗瑞先生问我们，在这样的情况下，一个远足的人到底应该怎么走才能以最快的速度从A点到达B点呢？

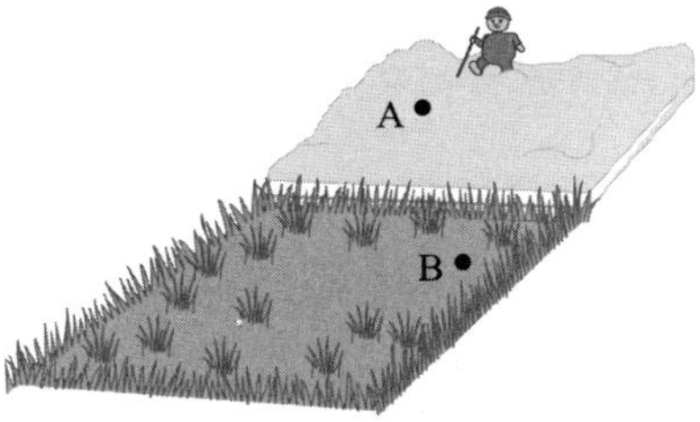

一种选择是：因为在积雪深的地方走得慢，所以远足者应该尽快走出积雪深的部分，抄近路到草地。这种选择的劣势是，在草地上要走的路程会比较长。如下图所示。

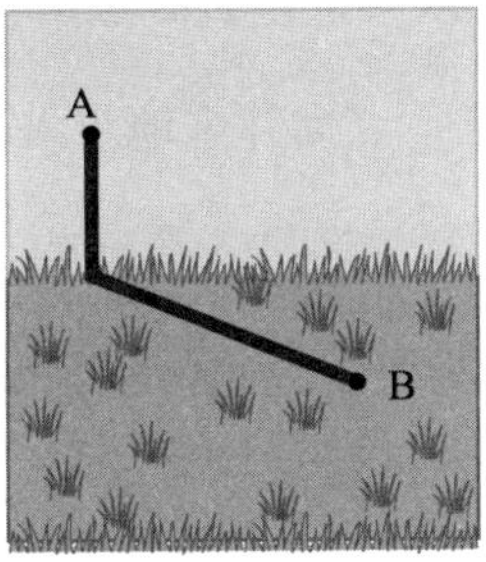

另一种选择是：沿直线从A点走到B点，因为两点之间直线最短。这种选择的行进总距离肯定最短，但是与上一种选择相比，在积雪中的路程加长了，而且在积雪里走路速度比较慢。这种选择是最优的吗？

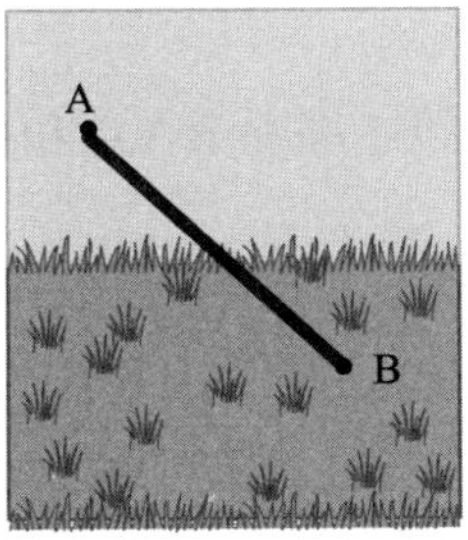

运用导数的知识，我可以求解出耗时最短的最优路径。这个最优路径介于上述两种选择之间，如下图所示。

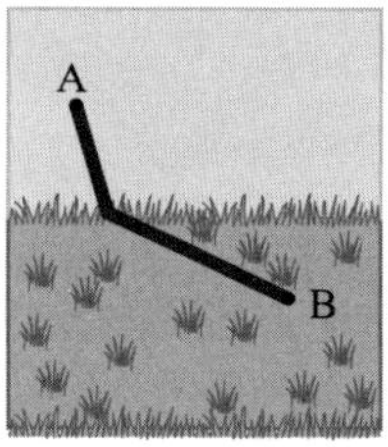

具体的求解过程主要有 4 个步骤。

第一步，我们应该意识到，从A点走到B点所花的时间（这是我们想要最小化的目标函数），取决于远足者由哪一点离开雪地步入草地，有无数个这样的点供他选择。那么，让我们把所有可以离开雪地进入草地的点都列入考虑范畴，作为我们的未知数。如何描述这个点的位置呢？我们设x为远足者在雪地里移动的总横向距离，这个变量完全可以描述出远足者从何处进入草地。

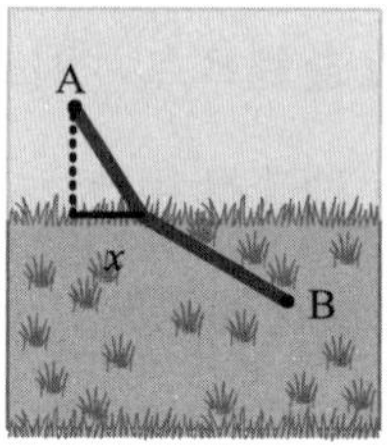

当然，从A点走到B点的时间还取决于A点和B点的位置，以及远足者在雪地和草地上的步行速度，但这些参数在这道题目里都被视为已知。远足者唯一可以控制的变量，就是上图中的x。

第二步，对任何一个给定的x值，因为A点和B点的位置是已知的，我们可以算出步行者穿过雪地和草地走到B点所用的总时间。为了计算在雪地上行走的时间和在草地上行走的时间，我们要用到勾股定理，还要用到我们耳熟能详的一句口诀："距离等于速度乘以时间"。把雪地上的行走时间和草地上的行走时间相加，就得到了远足者从A点走到B点所用的总时间T。显然，T是x的一个函数。

第三步，我们画出T随着x变化的函数图像。这个函数图像的最低点就是我们要找的最优解——在那一点，远足者可以花最短的时间从A点走到B点。

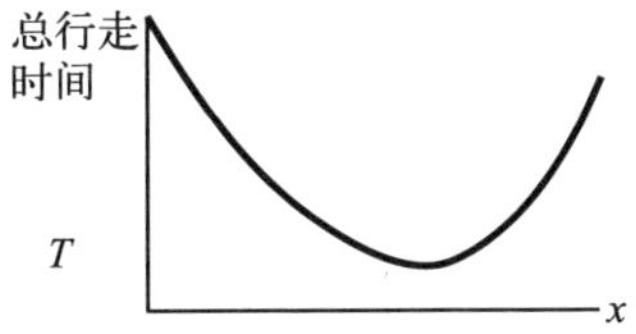

第四步，为了找到这个最低点，我们要用到前面提到的那个性质：最大值和最小值处导数为零。让我们计算出T的导数，令这个导数等于零，然后解出导数为零时x的值。

这四步求解的过程包含了几何、代数，还有微积分中的多个求导公式。要把数学中的这些知识融会贯通，并不比流利地说一门外语简单，因此很多学生面对这样的题目会感到束手无策。

这道题目的结果是很有意思的，完全值得我们花上一番工夫。我们解出的最优路径服从所谓的"斯涅尔定律"，斯涅尔定律又称折射定律。有趣的是，不仅题目中的远足者服从斯涅尔定律，大自然也同样遵守着这条定律。

斯涅尔定律描述了光线从空气中射入水中时的弯曲情况。当明亮的阳光照进闪烁的游泳池中，斯涅尔定律便开始发挥作用。光在水中传播的速度比在空气中传播的速度慢，就像远足者在雪地上比在草地上走得慢一样。远足者为了节约时间而走弯路，光线射入水中的时候也会弯曲，从而使传播所需的时间最小化。同样，当光线从空气中射入玻璃或者塑料的时候也会发生弯曲的现象，比如光透过你的眼镜片时，就会有折射现象发生。

奇怪的是，光竟然如此“聪明”，它仿佛考察过了所有可能的路径，然后，精确地选择了其中耗时最短的最优路径。大自然似乎也懂得微积分（此处请播放《迷离时空》的主题曲）！

第 18 章

积分谱成的优雅数学变奏曲

对普通人来说，数学中用到的符号往往都显得很神秘。我觉得最好的数学符号是那些一眼就能看出含义的符号。比如零（0）、一（1）和无穷大（∞）的符号就非常巧妙。0 就像一个空洞，1 是孤零零的一个符号，无穷大的符号∞看起来则像一个神秘的永无止境的环。等号（=）是由两根等长的平行线构成的。等号的发明人、威尔士数学家罗伯特 · 雷科德表示："再没有两个东西能比这两条平行线更相似的了。"

在微积分的内容中，最具标志性的符号是积分符号：

$$\int$$

这个优雅修长的形状，让人想起高音谱号和小提琴音孔的形状。这个符号真是再贴切不过了，数学中一些最迷人的和声正是由积分谱出的。可惜的是，实际上，当年德国数学家戈特弗里德 · 莱布尼茨选中这个符号的原因根本没有这么诗意，他只是把"求和"（summation）一词的首字母 s 拉长了一些而已。

什么是求和呢？那就要联系上下文了。在天文学知识中，太阳对地球引力的总和是用积分来描述的。我们知道，太阳是由很多个原子组成的，每一个原子到地球的距离各不相同，这个积分表示每个太阳原子对地球微小引力的加总。在肿瘤学中，一个固态肿瘤质量的增加可以用积分来模拟，化疗过程中药物的积累过程也可以用积分来表示。

这些东西的求和有什么特殊之处呢？为什么我们不用小学就学过的加法运算来求和，而要发明一个新工具，也就是积分呢？为了回答这个问题，我们先来看看为了计算太阳对地球的引力，我们到底要面对哪些困难和挑战。第一个问题是，太阳并不是一个点，地球也不是一个点。地球和太阳是两个巨大的球体，它们都是由极大量的原子构成的。太阳的每个原子都在吸引着地球的每个原子。当然因为原子的引力非常小，一个原子对另一个原子的引力小得几乎可以忽略不计。但是，因为星球所含的原子总量大得难以想象，所以总体的引力是颇为可观的。我们需要求出这个总体的引力和。

除了这个问题，我们还面临第二个更严峻的挑战，那就是不同原子之间的引力的大小不同。有的原子之间的引力大，有的原子之间的引力小。为什么会这样呢？因为引力是随距离的变化而变化的。两个原子靠得越近，它们之间的引力就越大。太阳最远端和地球最远端的原子之间的相互作用力较小，而近端原子之间的引力则要大一些，还有一些不远不近位置上的原子，它们之间的引力是适中的。这些各不相同的作用力无法用普通的加法运算来加总，必须用积分才能求和。多么神奇！这么复杂棘手的求和问题居然是可解的，至少在一定条件下是可解的。如果我们假设太阳和地球都是实心球体，两者都是由无穷多点的连续物质构成的，而且每一点都对其他点产生一个极小的引力，在这些假设之下，我们可以用积分计算出太阳对地球的引力。在这个问题中，无穷和极限的理念又一次拯救了我们。

在数学的历史上，积分最早产生于几何学领域，发明积分是为了计算曲线围成的面积。在第 16 章中我们提到过，圆可以像比萨一样被切成很多小块。在极限的情况下，一个圆可以被等分成无限多个小块，每一块的面积无限小。这些小块可以被巧妙地拼成一个长方形，而且长方形的面积非常容易计算。通过这样的方法，我们求出了圆的面积。这是积分的一种典型的用法：把一个复杂的东西进行无数次分割，最终使其容易加总。

除了这种二维的切割法，阿基米德还使用过这种方法的三维升级版，他以此来计算各种实心几何体的体积（在阿基米德之前，另一位希腊数学家欧克多索在公元前 400 年左右就做过类似的事情了）。阿基米德的方法是这样的：把实心几何体想象成是一堆盘子、一摞华夫饼，或者是一根切成很多薄片的香肠。因为几何体是不规则的，每一片香肠的大小不尽相同，通过计算这些大小不一的薄片的体积，再把它们巧妙地加总起来，不规则几何体的体积就计算出来了。

今天，我们仍然用这些经典的几何学问题来磨炼小数学家和小科学家们的积分技能。这些题目是积分学家庭作业中最难的，很多学生对它们恨之入骨。但是，要想让这些未来的物理工作者、金融工作者们学好他们日后每天都要用到的积分知识，实在没有比解决经典几何题目更好的工具了。

其中一道经典的难题是这样的：两个一模一样的圆柱体垂直相交，形成厨房里的排气管交界处那样的形状。试求这个几何体的体积。

光是在脑中想出这个三维几何体的样子，就已经难倒很多天才了。承认自己智商方面的不足并不丢人，我们可以想个办法做出这个模型来。你可以尝试一下我的高中数学老师所用的方法：找一个易拉罐，用专门切割金属的工具切去易拉罐的顶部，这样就得到一个圆柱体的模子。然后，找到一个巨大的土豆，或者一块发泡胶，从两个垂直的方向分别用模子切出圆柱体。这个天才的艺术作品足够你赏玩一段时间了。

幸运的是，如今的电脑图像技术使得我们可以更轻松地看到这个几何体的样子。

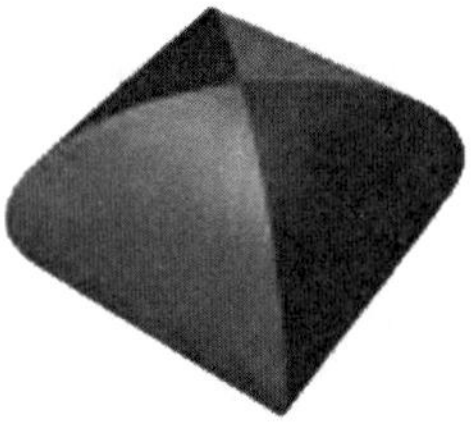

神奇的是，虽然这个几何体是由两个圆柱体组成的，但它们的交界部分却是方形的。

我们可以在头脑中把这个东西切成无数层，每一层都是像华夫饼一样薄的正方形。中间的正方形最大，向上逐渐变小，向下也逐渐变小，到顶部和底部的时候变为一个点。

搞清楚这个几何体是什么形状，只是解题的第一步，下面，我们将面临一个更大的挑战：计算出它的体积。根据前面的思路，我们应该试图求出每一个正方形小薄片的体积，再把它们加总起来。阿基米德做到了这一点，虽然他没有积分这个工具，但他凭借惊人的智商克服了这一难题。阿基米德的方法是：借助天平和重力的帮助，为待求体积的几何体称重，天平的一端放体积未知的几何体，另一端放一个体积容易求出的物体。这个方法虽然看起来很高明，却也有着明显的缺点，那就是适用范围太窄，毕竟世界上的形状太多，很多时候我们根本找不到可以放在天平另一端的物体。

在接下来长达 19 个世纪的漫长时间里，这样的问题继续困扰着世界各地最优秀的数学家们。直到 17 世纪中叶，詹姆斯 · 格雷戈里、伊萨克 · 巴罗、艾萨克 · 牛顿和戈特弗里德 · 莱布尼茨终于建立了我们今天所熟知的“微积分基本定理”。微积分基本定理描述了微积分的两个主要运算——导数（度量某一点上变化的速率，参见第 17 章的内容）和积分（度量变化累积后的总体效果）之间的关系。通过明确这两者之间的关系，很多以前计算不了的积分现在可以计算了，而且计算积分的过程和方法也变得有章可循。有了这一定理，积分计算几乎变成了一种无须太多创造力的机械劳动，今天我们可以用电脑程序来完成积分运算，普通的学生也可以比较轻松地学会积分运算。有了微积分基本定理，上面提到的那个求解厨房排气管交界处形状的几何体的体积问题就变成了学生们的习题，要知道，在此之前这可是一个困扰大量著名数学家的世界级难题。

在微积分和微积分基本定理问世之前，人们只能分析和处理最简单的变化问题。当一个物体发生稳定的变化，也就是变化速率为常数时，代数就能很好地解决问题。“距离等于速度乘以时间”，就是变化速率为常数的例子。比如说，一辆车以每小时60英里的速度匀速行驶，那么显然这辆车1小时的时间能行驶60英里，2个小时的时间能行驶120英里，以此类推。

但是，如果变化的速率不是常数呢？要是变化的速率自己也会变化，该怎么办？这种情形在现实世界比比皆是：从高楼上掉下来的物体是不断加速的，涨潮落潮和洋流运动都不是匀速的，星体在椭圆轨道上的运行速度是变化的，我们体内的生物钟也是时快时慢的。对于这些速率非恒定的变化，只有微积分才能度量出它们积累下来的总体效果。

在阿基米德身后近2 000年的时间里，度量变速变化的总体累积效果只有一个办法：把整体切成很多小块，然后一块一块地加总起来。对其中的每一个小块，我们必须假设它的变化速度是恒定的，再使用类似“距离等于速度乘以时间”的方法解决这一小块的问题。然后，我们不断地重复这个过程，把每一个小块都处理完。很多时候，即使付出艰苦的努力，问题也无法解答，因为无限加总是一件非常困难的事情。

当微积分基本定理产生后，很多这类问题一下子就迎刃而解了。当然，也不是说所有问题都变得可解，但很大一部分这类问题确实变得容易解了。微积分基本定理给出了很多常见函数（如幂函数的和、幂函数的乘积、指数函数、对数函数、三角函数等），很多自然界的现象都可以用这些常见的函数来描述。有了微积分基本定理，人类一下子往前迈出了一大步。

微积分基本定理的内容到底是什么呢，为什么它如此有用？我想用一个比喻来回答这个问题，希望这个比喻能给你一个形象的认识（这个比喻是由我的一位同事、纽约大学的查理 · 佩斯金想出来的）。想象一个楼梯：从楼下到楼上的总高度变化等于各级台阶高度的加总。即便这个楼梯的台阶是不均匀的，有的台阶高一些，有的台阶矮一些，从楼下到楼上的总高度变化仍然应该等于各级台阶高度的加总。想知道这个总高度是多少，有两种办法，一是计算出每级台阶的高度再加总，二是直接计算出楼梯最高点和最低点的高度差。

微积分基本定理其实就是说了一个简单的道理，只不过对象不是楼梯，而是函数。如果你把一个函数的导数从一点到另一点求积分，那么你就会得到这个函数在这两点之间的净变化。运用楼梯的比喻，函数就是每一级台阶到水平面的海拔高度，一级级台阶的高度就像一个个导数，对导数求积分就像把一级级台阶的高度加总，积分的起点和终点就是楼梯的底端和顶端。

为什么这个定理如此有用？因为求出很多个数字的和是非常困难的，当你通过切块并研究每一个小块的方法来进行加法运算，你面对的正是这样的难题。但是，如果你能找到对应的楼梯——换句话说，如果你能找到一个关于楼梯高度的函数，并且这个函数每个台阶的高度正好等于你要加总的这些数字——那么积分运算就变得非常简单了：只要用楼梯顶部的高度减去楼梯底部的高度就可以了。

这就是微积分基本定理的好处，它极大地提高了计算的效率。正是基于这个原因，我们才会每年用这些知识难倒一批又一批的学生，逼迫他们花好几个月的时间学习如何找出这个楼梯高度的函数——这个技术的学名是“不定积分”，我们还可以把它称为求“反导数”的过程。正是因为有了这个技术，数学家们才能在这个充满变化的纷繁复杂的世界里，以更高的精度预测很多之前无法预测的东西。

从这个角度来说，微积分是在用一种多功能切菜机般的态度来看待我们的宇宙。

牛顿以及后来的数学家们发现，自然的本质就是，万物都是一小块一小块拼凑出来的。过去 300 年来发现的所有物理定律几乎都符合这个性质：不管是粒子的运动、热和电的传导，还是空气或水的流动，都可以看作一小块一小块的。每一小块时间或空间里的情况除了受到整体的控制之外，还受到相邻小块情况的影响。

这一发现的应用是极为深远的。自有人类历史以来，我们第一次掌握了理性预测的能力。而且，有了微积分基本定理的帮助，我们不再需要耗时费力地逐块计算，而是可以高效优质地计算。

我想，读到这里，我们应该更新一下微积分学的口号：“重新计算，发现更优途径！”

第 19 章

指数e：关乎你婚姻成败的数字符号

在数学中，有些数字特别有名，以至于它们有了自己专属的符号，一般这种“专属符号”都是单字母的。这可是一件大事，连麦当娜和王子（美国著名的流行音乐歌手）都还没有获得过这样的殊荣。这其中最有名的恐怕要数圆周率π了，π这个数字写成小数的话就是 3.141 59……

接下来，比较知名的就是虚数i，i是代数界的“时尚潮人”。这种“虚构出来的数”在代数学里掀起了巨大的风潮，它彻底地改写了数字的定义。

让我们再跟e问声好吧。之所以起名为e，是因为它代表指数（exponential）的增长。e简直是高等数学里的西力（伍迪 · 艾伦执导电影《西力传》的主角），哪里都有它，你能想到的地方以及你想不到的地方，全都有e的身影。e不仅可以用来描述核能源的链式反应和人口爆炸，还能告诉你结婚之前交往多少个女友（男友）最合适。

在谈论这个大家极为关心的婚恋问题之前，请允许我卖一下关子。让我们先来搞清楚，到底什么是e。e的数值是 2.718 28……但是这个数字实在说明不了太多问题。我可以告诉你，e是一个无限数列的和，这个数列形式如下。

$$1+\frac{1}{1}+\frac{1}{1\times 2}+\frac{1}{1\times 2\times 3}+\frac{1}{1\times 2\times 3\times 4}+\cdots\cdots$$

我相信大部分读者看了这个数列以后，仍然不能理解e到底是何物，为了给大家一个直观的印象，我们来看看e的应用。

假设你把 1 000 美元的本金存入银行，这家银行特别慷慨，承诺给你 100%的年利息，每年复利一次。一年以后，你的账户里已经有 2 000 美元的资金了——本金为 1 000 美元，100%的利息是 1 000 美元，共计 2 000 美元。

当你发现银行特别慷慨之后，你决定更进一步，要求更高的利息，但是银行不肯答应。如果利率保持不变的话，能不能提高计息的频率呢？比如，利率仍然是 100%，但是改为每半年复利一次——也就是说，6 个月之后，银行付给你 50%的利息，然后在接下来的 6 个月之后又付给你 50%的利息。显然，对储户来说，这种计息方式比每年复利一次更加有利，因为半年后拿到的利息可以更快地利滚利。但是，半年复利一次到底能比一年复利一次多赚多少钱呢？让我们来算一算。

半年后，银行支付给你 50%的利息，于是你的本金变成原来的 1.5 倍。再过半年，银行又支付给你 50%的利息，此时你账户里的钱和半年前相比又涨了 1.5 倍。1.5 乘以 1.5 等于 2.25，所以一年后，你的 1 000 美元的本金已经变成了 2 250 美元。与每年复利一次的情况相比，每半年复利一次可以让你一年多赚 250 美元。

如果你不停地和银行谈判，让银行在保持利率不变的前提下把复利的频率加快——每天复利一次，每秒复利一次，每纳秒复利一次，你是不是就发财了呢？我们还是有必要计算一下再下结论。

为了让计算变得简单一些，我们把 1 年平均分为 100 个时段，每个时段复利一次。也就是说，每个时段结束之后，银行给你 1%的利息（所以，年利率仍然为 100%），你账户里的钱会变成原来的 1.01 倍；一年后，账户总额变为原来的 1.01 的 100 次方倍，即大约 2.704 81 倍，1 000 美元的本金变成了 2 704.81 美元。

让我们再总结一下，每年复利一次，年末你共有 2 000 美元；半年复利一次，年末你共有 2 250 美元；每年复利 100 次，年末你共有 2 704.81 美元。

现在，我们又要求助于无限和极限的理念了，我们想要问这样一个问题：如果一年复利无穷多次（这种计息方法叫作连续复利），一年以后你的账户里会有多少钱？显然，这个数字应该比 2 704.81 美元这一金额更多，但是其实多不了太多，经过计算，在连续复利的情况下，你一年后共有 2 718.28 美元。这个数字正好等于 1 000 美元乘以e，e是下面这个极限的值：

$$e=\lim_{n\to\infty}(1+\frac{1}{n})^{n}=2.71\,828\cdots\cdots$$

这是一个典型的微积分方程式。在前面的几章中，我们已经用微积分计算过圆的面积和太阳对地球的引力了。未发明微积分和发明微积分的不同之处在于，微积分敢于面对无穷大的问题，并且善于利用无穷大的力量。不管是处理极限、导数还是积分，我们都在以各种方式面对无限这个概念。

在上面的方程式里，我们想象自己把 1 年分割成很多个微小的时段，这些时段可以进行无穷多次分割，最后得到所谓的“无穷多”个时段，而每个时段的时长则是无穷小（无穷多个“无穷小”的时段，听起来非常矛盾，但是这和我们前几章里所做的，不断增加多边形的边数，让每条边越来越短，最终得到一个无穷多条边的多边形——也就是一个圆——的过程是一模一样的）。随着复利计算的频率越来越高，当然你年末得到的钱也越来越多，但神奇的是，这个增长的速率却越来越小。尽管这样，一年以后你还是得到了一笔可观的利息，毕竟你存在银行的钱被复利了那么多次。

从这个例子中，我们可以窥见e的一些端倪。当我们计算很多微小事件带来的总体变化的时候，e的身影往往就要出现了。

假设我们有一堆铀，这种放射性的物质正在逐渐地衰变。在每一个时刻，每一个铀原子都有一个很小的概率会自动分解掉。对于一个给定的原子，它会不会分解掉，到底何时分解掉是完全不可预测的。而且，单个原子分解这一微小的“事件”对整体的影响是无穷小的。尽管这个系统里有这么多神秘的、不确定的、“无限”的因素，但是如果考虑到这数万亿个极为微小的事件的总体效果，我们就会发现，整体的变化趋势是光滑的、可预测的，整个反应堆的放射性是以指数衰减的。

我们再来考虑世界人口的增长问题，人口大致是以指数增长的。在这个世界上，孩子出生的时间和地点都是随机的，人的死亡时间和地点也是随机的。如果把每一次出生或死亡都定义为一个“事件”的话，单个事件对世界人口的影响是极为微小的。但是，如果考虑到这数万亿个极为微小的事件的总体效果，我们就会发现，世界人口是以指数增长的，而且人口增长的速率是相当容易预测的。

当随机性和无穷多的选择相结合，e就会应运而生。对此，我想举两个和日常生活有关的例子，当然这两个例子都是经过处理、高度失真的日常生活。

假设有一部新的电影在本地影院上映了。因为这是一部爱情喜剧，很多情侣都争相赶来观看这部电影，而电影院里根本容纳不了那么多人。这些情侣在售票处前面排起了长队，迫切地想要买票入场。我们的模型是这样的：每对买到票的情侣都会立刻入场，并选择两个相邻的座位坐下。为了简化问题，我们假设选座是完全随机的，不管是前排、后排、中间座位，还是靠近走道的座位，这些情侣都不在乎，只要能找到两个相邻的空座位，他们就心满意足。

除此之外，我们还假设，所有人一旦选定位置坐下就不再更换，也绝不会为了给他人行方便而更换座位。在这样的规则下，售票处的工作原则是：一旦影院里只剩下单独的座位，就立刻停止售票，不然后进场的观众可要发脾气了。

在这个模型的初始状况下，剧场里空无一人。这个时候一切正常，每对进场的情侣都可以找到两个相邻的座位。但是，过了一段时间以后，剧场里就只剩下单独的座位，这些孤立的座位再也没有用了，因为所有观众都是一对对的情侣。在现实生活中，看电影的人确实会选择和陌生人隔开坐，留下的空位可以用于放置衣服或其他个人物品，还可以避免和不认识的人共用一个扶手。但在我们的模型里，这些孤立的空位并不是特意留出来的，它们只是随机选座的结果。

我们的问题是：当剧院里不再有相邻的两个空位时（即所有空位都是孤立的），这时的空座率是多少呢？

答案是，在一个每排有很多座位的剧场里，最后的空座率是：

$$\frac{1}{e^2}=0.135\cdots\cdots$$

也就是说，有大约 13.5% 的座位被浪费掉了。

具体的计算过程有一点儿复杂，在此我就不演示了。但是，通过考虑两种极端情况，我们可以从直觉上验证这个答案的合理性。如果每对入场的情侣都特别珍惜座位，选择紧挨着陌生人坐下，那么剧场最终会坐满。大家高效率地利用起所有的位置，看上去特别拥挤，这是一种极端的情况。

另一种极端情况是，谁都不肯和陌生人挨着坐，大家都放弃效率而选择舒适，每两对情侣之间就会隔着一个空位（而且每排或者是最左边一个位置空置，或者是最右边一个座位空置，如下图所示）。在这种情况下，会有 1/3 的位置空置，因为每对情侣需要 3 个座位，两个座位用来坐人，一个座位用来隔开陌生人。

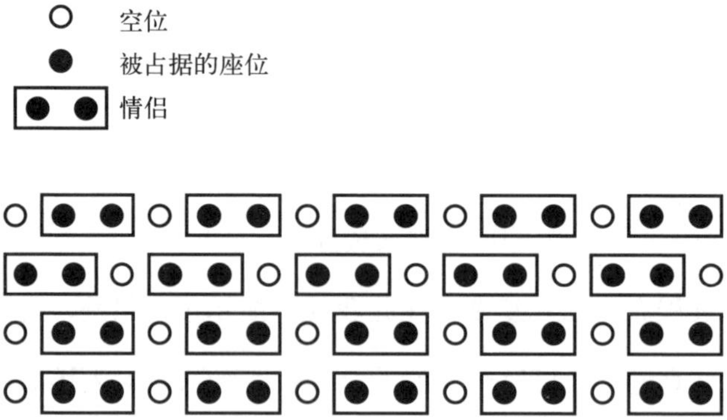

我们猜测，如果完全随机选座，那么结果应该在上述两种极端情况（完全追求效率和完全不追求效率）之间。我们取 0 和 1/3 的平均值 1/6 作为最后的空座率。1/6 换算成百分数是 16.7%，而精确结果是 13.5%，这两个数字还是比较接近的。

在上述问题中，我们面临很多种选择，因为让情侣们坐进一个很大的剧场里有太多种不同的方法了。下面，我打算再举一个例子，还是关于如何安排一些情侣的位置，但这次我们要面对的不是空间上的位置，而是时间上的位置。这就是大家都感兴趣的婚恋问题：结婚之前，谈几场恋爱最合适？显然，在实际生活中，这个问题涉及太多复杂的因素，所以我们在此只能考虑一个简化版的婚恋模型。虽然这个模型的假设非常不现实，却还是抓住了爱情中一些令人心碎的不确定性。

首先，我们假设你知道你的一生中一共可以遇见多少位潜在的人生伴侣（这个数字具体是多少并不重要，重要的是：第一，你事先知道这个数字；第二，这个数字不会太小）。

同时我们还假设，如果你能同时遇见你所有的潜在人生伴侣，那么你可以立刻明确地将他们（她们）进行排序。人生的悲剧就在于，没有人可以同时遇见自己所有的潜在人生伴侣，我们总是以一种完全随机的顺序，一个一个地遇到他们（她们）。所以，我们永远不知道，最合适的那个人是否即将出现在下一个街角，还是我们早已经遇到过他（她），却又永远地错过了他（她）。

我们这个爱情游戏的游戏规则十分残酷：一旦你放弃一个人，这个人就会永远地离开你的生活，没有破镜重圆，也没有第二次遇见的机会。

最后，我们假设你是一个完美主义者：你的目标是和你最满意的那个人（你的列表上排名第一的那个人）结婚，如果做不到这一点，我们就判定你的婚姻失败了。哪怕你是和列表上排名第二的那个人结婚了，你还是一个失败者。

我们的问题是：在这样的假设条件下，你有可能找到那个你最满意的人吗？如果有可能，怎么做才能让你成功的机会最大化呢？

一种比较好的策略（并非最优策略）是：把你的爱情和生活划分成上下两个半场，上半场完全用来积累经验。而在下半场中，你开始认真地寻找伴侣，如果你遇到一个比你上半场交往过的所有男友（女友）都优秀的人，你就立刻和他（她）结婚。

这个策略让你至少有 1/4 的概率遇到最合适的那个人。为什么呢？首先，最合适的那个人可能在上半场出现，也可能在下半场出现，概率各为 50%。同样，第二合适的那个人出现在上下半场的可能性也各占 50%。也就是说，第二合适的人恰好出现在上半场，而最合适的人恰好出现在下半场的概率为 25%。这种情况下，只要你严格执行上述策略，你就一定会和最合适的那个人结婚。

第二合适的人出现在你人生的上半场，而你的人生中只有一个人比他（她）更适合你，这个人就是最适合你的人，当且仅当这个人在下半场出现的时候，你才会决定结婚，所以在这种情况下，你是一定会成功的。可见，在游戏人生的青春岁月里，遇见一个高质量的女友（男友）是何其幸运！

当然，这并不是你的最优策略。最优策略是上半场的用时比下半场稍微短一些，让上半场占你整个恋爱时间的 $1/e$，也就是大约 37% 的时间。根据我们的模型，这个策略是最优的婚恋策略，如果你严格采用这个策略，你和最佳伴侣结婚的概率是 $1/e$。

不过，如果你的最佳伴侣也在玩这种跟 e 有关的游戏，那一切可就说不准了。

第 20 章

用微积分方程来分析爱情与三体问题

“在春天，”阿尔弗雷德 · 丁尼生写道，“年轻人的幻想总是会悄悄地转变为情思。”可惜，年轻人心仪的姑娘却又有着她们自己的小心思。情人之间的你来我往总是生出无穷无尽的快乐和痛苦、幸福和折磨，也正是因为如此，情场如战场，新的爱情就像新的战役一般，惊心动魄而又令人肝肠寸断。为了寻找爱情的答案，有人诉诸酒精，有人寄情于诗歌，而我们则向微积分寻求帮助。

对爱情的微积分分析也许只是一个数学玩笑，但它却说明了一个十分深刻的道理：就算我们永远研究不出爱人之心的规律，世界上很多无生命物体的规律却早已被数学家们所参透。这些规律是用微分方程的形式来表达的。微分方程可以用于描述互相关联的变量之间的联系，解释这些变量如何随着时间和自身的当前状况而变化。至于微分方程和爱情有什么关系，我想说，至少微分方程可以在一定程度上解释为什么“真爱之路永远不会是平坦的”。

为了详细解释这种对爱情的微积分分析方法，让我们借用一下罗密欧和朱丽叶的故事。罗密欧深爱着朱丽叶，但是，在我们这个版本的故事里，朱丽叶却是一个反复无常的姑娘。罗密欧越爱她，朱丽叶就越想躲避和逃离。一旦罗密欧因受到刺激而准备放弃，朱丽叶便会觉得这种冷淡具有莫名的吸引力。罗密欧总是跟随着朱丽叶的脚步，当朱丽叶爱他的时候，他更热情似火；当朱丽叶恨他的时候，他的热情也会冷却下来。

那么，这对不幸的恋人的爱情将会如何呢？随着时间的流逝，他们俩的爱情走势会怎样？这时候微积分该大显身手了。我们可以用微分方程来描述罗密欧和朱丽叶会如何回应对方的感情变化。只要解出这些方程式，我们就能预测这场爱情的走向和归宿。不幸的是，我们的分析显示，这对恋人的关系将会是一个无休无止的爱恨交缠的循环。幸运的是，这对恋人还有 1/4 情投意合的甜蜜时光。

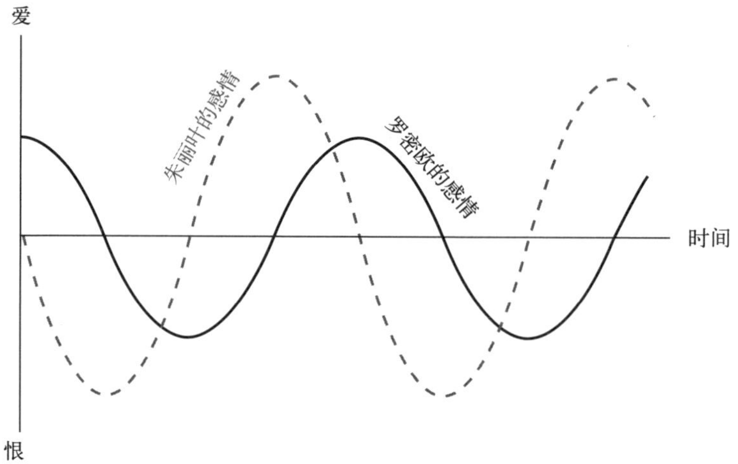

这幅图是怎么画出来的呢？首先，我们假设罗密欧的行为可以用如下的微分方程式来表示：

$$\frac{dR}{dt}=aJ$$

这个方程式描述了罗密欧的感情 R 在下一个瞬间 dt 会发生怎样的变化。罗密欧的感情变化 dR 等于一个常数乘以朱丽叶当前对他的感情 J。这个方程式完全符合我们之前的假设：只要朱丽叶爱他，罗密欧的爱情就会升温。但是，这句话非常笼统，这个方程式却非常具体：罗密欧的感情变化和朱丽叶当前的爱正相关，而且两者之间的关系是线性的。也许这个假设从爱情的角度来说并不合理，很难说爱情到底是线性的还是非线性的，但是这个假设大大地简化了我们的问题。

朱丽叶的爱可以用如下的微分方程式来表示：

$$\frac{dJ}{dt} = -bR$$

常数 b 前面的负号说明朱丽叶是一个性情很古怪的姑娘，罗密欧对她越热情，她反而越冷淡。

现在，方程式已经有了，我们还需要一个初始条件：在故事的一开始，这对恋人的感情是怎样的呢（也就是当 t=0 的时候，R 和 J 的值分别是什么）？初始条件和方程式都确定以后，这场爱情的结果也就注定了。根据这两个方程式，我们可以用电脑来模拟 R 和 J 的变化，看看随着时间的流逝，这两个变量是如何变化的。实际上，在微积分基本定理的帮助下，我们还可以做得更好。我们可以直接用函数表达出 R 和 J 的动向，从而轻松地预测出在未来的任意一个时刻，罗密欧和朱丽叶会怎样深爱或仇恨着对方。

如果你是一个物理系的学生，上面这两个微分方程你应该觉得非常眼熟：罗密欧和朱丽叶的感情就像物理学中的谐振子一样。根据我们这个模型的预测，描述罗密欧和朱丽叶的感情发展的函数 $R(t)$ 和 $J(t)$ 将会是两个正弦波，这两个正弦波此消彼长，一直不能同步。

我们还可以对这个简化的模型进行一些改进，从而让它变得更加现实。比如，罗密欧的感情变化不仅受到朱丽叶感情的影响，还受到他自身感受的影响。比如，有些男人总怕自己对女友太过热情会令对方生厌，所以这些人会在自己感情强烈的时候刻意让自己冷静下来，或许罗密欧正是这样的人。但罗密欧也有可能属于另一种截然相反的性格：他对“恋爱的感觉”远超过爱对方，这种人越爱对方，就越会被恋爱的感觉所陶醉，从而爱得更加热烈。

除了上面的两种不同的性格之外（对自己感情的反应），罗密欧如何回应朱丽叶对他的感情也有两种不同的可能性（正反馈和负反馈）。综合这两点，我们可以发现，恋人可能有 4 种不同类型的性格，不同情侣之间的恋爱关系也会因此大相径庭。当我和同事彼得 · 克里斯托弗在伍斯特理工学院教书的时候，我们两人班上的学生甚至还给这 4 种恋爱性格类型起了五花八门的名字。那种会自动给自己炙热的感情降温，对对方的感情也会给出负反馈的恋人，被命名为“隐士”或“恶毒的孤独者”；而自己会越爱越兴奋的人，被叫作“书呆子自恋狂”或者“不会爱又非要调情的神经病”（你也可以自己给这几种类型起几个名字，我觉得挺好玩的）。

虽然我举出的这些例子可能古怪又好笑，但其中用到的那些微分方程式却绝对是深刻实用的。人类发明了许许多多的工具来解释物质世界，到目前为止，微分方程是这些工具中最好用的。牛顿用微分方程式解开了困扰人类多年的难题——星体的运动问题。通过研究，牛顿证明了地球和其他天体并无本质区别，它们都服从同样的运动定律。

在牛顿去世后的近 350 年的时间里，人类慢慢地认识到，所有物理定律都是用微分方程式来表达的。热传导的规律是微分方程式，水和空气的流动规律是微分方程式，电和磁的规律是微分方程式，就连陌生而违背直觉的原子领域和量子力学也都是微分方程式的天下。

不管研究的对象是什么，整个理论物理学科都在做同一件事：找到合适的微分方程式，并且想办法把它求解出来。牛顿发现了宇宙的秘密，因为这个秘密太过珍贵，牛顿只肯以拉丁语字谜的形式把这个秘密公之于众。粗略地翻译一下，牛顿发现的宇宙的秘密就是：解微分方程式真有用。

而我又是如何发现爱情的微分方程式的呢？在我大二那年的暑假，我陷入了人生中第一次浪漫的爱情。我的初恋对象是一个性情古怪的姑娘，她总是做些令我完全无法理解的事情。在绞尽脑汁研究她的行为和动机的过程中，我发明了本章开头的微分方程爱情模型，这一想法是多么智慧，看上去又是多么愚蠢。当年的我就像本章一开头说的罗密欧一样，而我爱的人正是那个反复无常的朱丽叶。我们的爱情总是在反复，永远不能同步。终于我意识到，我和她的行为都是机械的，我们其实一直在以两个简单的方程式为准则，没完没了地你拉我扯、你进我退。我以为自己参透了爱情的奥秘。可惜，在那年夏天快结束的时候，我的微积分方程爱情模型似乎也不管用了，而我更是无法参透其中的原因。最后我发现，原来我的模型根本少计算了一个变量，一个我不知道的变量——她有一个想和她再续前缘的前男友。

这样的情形在数学上叫作“三体问题”，这类问题产生于天文学领域，是出了名的难题。在成功解出了“两体问题”的微分方程式（从而解释了为什么行星沿椭圆轨道绕太阳旋转）以后，牛顿转攻太阳、地球、月亮之间的“三体问题”。然而，天才的牛顿没能解出三体问题，其他人更是没有成功。后来，数学家们发现，原来三体问题蕴含着“混沌”的种子，从长期来看，三体的行为和运动是不可预测的。

在牛顿的时代，还没有混沌这个概念，有聪慧头脑的牛顿也不知道什么是“混沌系统”。牛顿的朋友埃德蒙 · 哈雷说，牛顿曾向他抱怨三体问题太难解决。牛顿说："三体问题让我很头痛，为了这个问题我常常睡不着觉。我想不出来了，我不得不放弃这个问题。"

亲爱的艾萨克 · 牛顿爵士，你真是说出了我的心声。

第 21 章

向量微积分：带人类走向现代化的使者

迪卡西奥先生是我的高中老师，他严厉又不好相处，戴着一副古板的黑框眼镜，说话方式尖酸刻薄。我想很少有人会觉得这样一位先生具有魅力，但我觉得迪卡西奥先生对物理学的热情就很令人着迷。

有一天，我告诉迪卡西奥先生，我正在读爱因斯坦的传记。书中写道："爱因斯坦上大学的时候，他觉得麦克斯韦的电磁方程组非常令人头晕。"我对迪卡西奥先生说，我真想赶快多学一些数学知识，这样我就能看懂麦克斯韦电磁方程组了。

我就读的学校是一所寄宿学校，当时我正和迪卡西奥先生同坐在一张餐桌前吃晚饭，同桌吃饭的还有迪卡西奥先生的太太和两个女儿，以及另外几位学生。当我说上述这段话时，迪卡西奥先生正在给我们盛土豆泥。一听到"麦克斯韦方程组"这几个字，迪卡西奥先生立刻扔下勺子，拿起一张餐巾纸就在上面奋笔疾书地写了起来。他画下一些线条，又写出一些神秘的符号。迪卡西奥先生一边写，一边嘴里还念念有词地说着："旋度的旋度等于散度的梯度减去拉普拉斯平方……"

当时我心想，迪卡西奥先生在念叨什么呀。长大以后我明白了，他说的内容其实是向量微积分。向量微积分是数学的一个分支，专门用来描述我们周围那些看不见的“场”：让指北针指向北方的磁场，让你坐的椅子落在地上而不是飘在空中的重力场，把你的晚餐炸得像核武器爆炸现场的微波场……

向量微积分最大的成就是，它把数学和现实空前紧密地结合了起来。麦克斯韦的故事以一种奇怪的方式，彰显了数学在解释自然方面的简直不可言喻的无穷威力。仅仅是改变了几个符号的位置，麦克斯韦就破解了一个困扰人类已久的问题：光究竟是什么？

为了让大家更好地了解麦克斯韦究竟做了些什么，以及搞清楚什么是向量微积分，首先让我们一起研究一下“向量”这个词。“向量”（vector）一词来自拉丁语词根vehere，意为“携带”。我们今天所使用的“车辆”（vehicle）、“传送带”（conveyor）等英文单词也都来自同一个词根。这也是为什么vector一词除了可解释为“向量”以外，还可以解释为“传染媒介”。对流行病学家来说，vector是病原的携带者，比如把疟疾传染给病人的蚊子就是一个vector。对数学家来说，vector则是把你从一个地方带到另一个地方的“脚步”（当然，这只是向量最简单的意思）。

看看下面这张图吧，这是一张为跳舞的人设计的舞蹈说明书，这些箭头告诉舞者，跳伦巴舞的时候，应该以什么样的顺序移动左右脚。

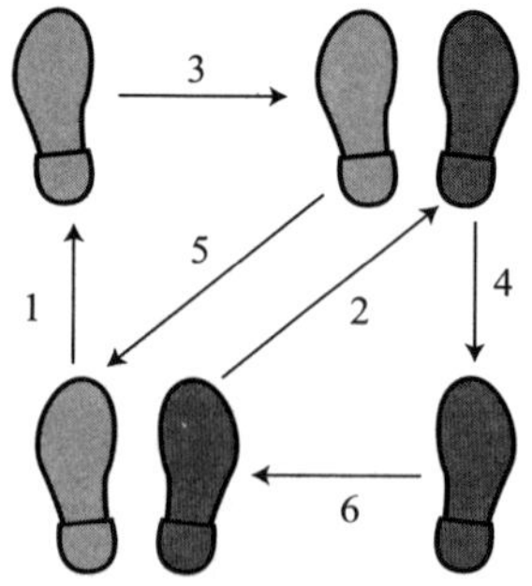

上图中的那些箭头就是向量。向量包含两种信息，一是方向（向什么方向迈出脚），二是长度（这一步迈出的幅度有多大）。每一个向量都含有上述两种信息。

和数字一样，向量也可以做加减法运算。但因为向量含有方向的信息，所以向量的加减法运算比数字的加减法运算要复杂一些。只要你能紧紧抓住向量的定义，把它们看作舞步的说明书，向量的加减法运算就不那么难了。比如，向东一步与向北一步的和是多少？显然，这两个向量的和应该是一个指向东北方向的向量。

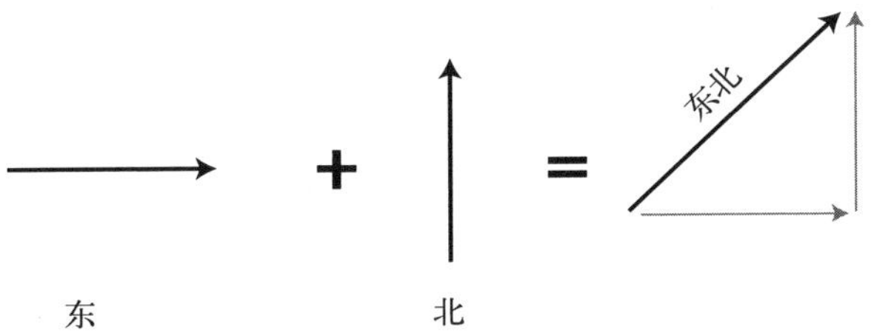

神奇的是，速度与力的加减法运算和舞步的加减法运算的性质完全一样。任何模仿过桑普拉斯的正手球的网球选手都应该对这个道理有很深的体会。桑普拉斯能够一边全力向边线冲刺，一边打出直指底线、落点非常准确的正手球。在模仿桑普拉斯的时候，如果你幼稚地向你希望的落点方向击球，球就一定会落到别的地方去，因为你忘记考虑你自己的跑动速度了。球相对于场地的速度是两个向量的和：一是球相对于你的速度（一个指向你瞄准方向——底线方向——的向量），二是你相对于场地的速度（一个指向边线的向量）。要想让球飞向底线，你瞄准的时候必须稍稍偏向场地的另一边，这样才能抵消你向场边跑动的速度。

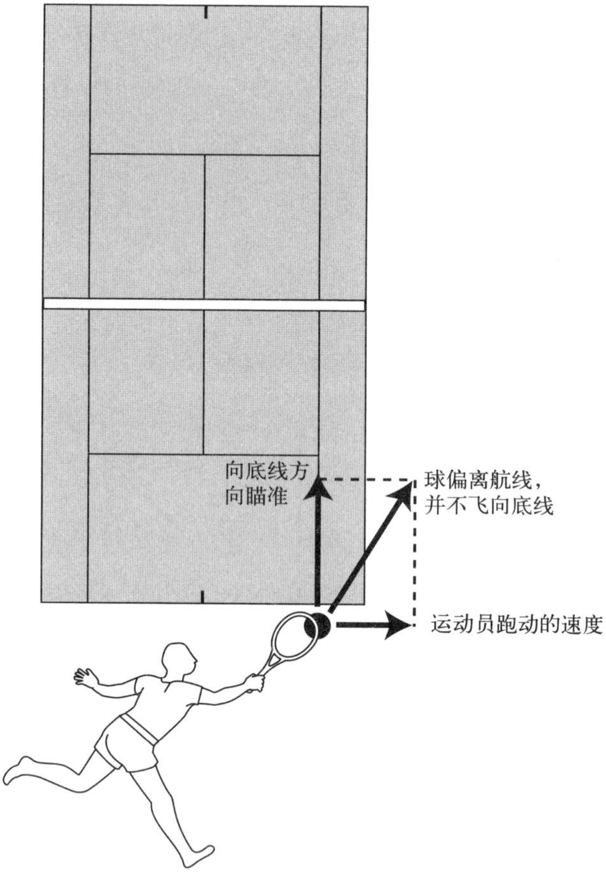

我们上面说的这些内容都是向量代数，除了向量代数之外，还有向量微积分。我的高中老师迪卡西奥先生在餐巾纸上写的就是向量微积分。前文中我们已经说过，微积分是描述变化的数学。所以，不管向量微积分到底是什么东西，它肯定包括两个元素，一个是向量，另一个是变化。这种变化可以是时间方面的，也可以是空间方面的，后者我们称之为“向量场”。

向量场最经典的例子是一块磁铁附近的磁场。为了看到这个隐形的场，我们可以把磁铁放在一张纸上，然后在纸上撒些铁屑。每一个铁屑就像一个小小的指北针，只不过它们指的不是地球的“北”，而是由当地磁场决定的“北”。在这张纸上，铁屑会形成一种特殊的图案，那就是一条条从磁铁的一极指向另一极的磁场线。

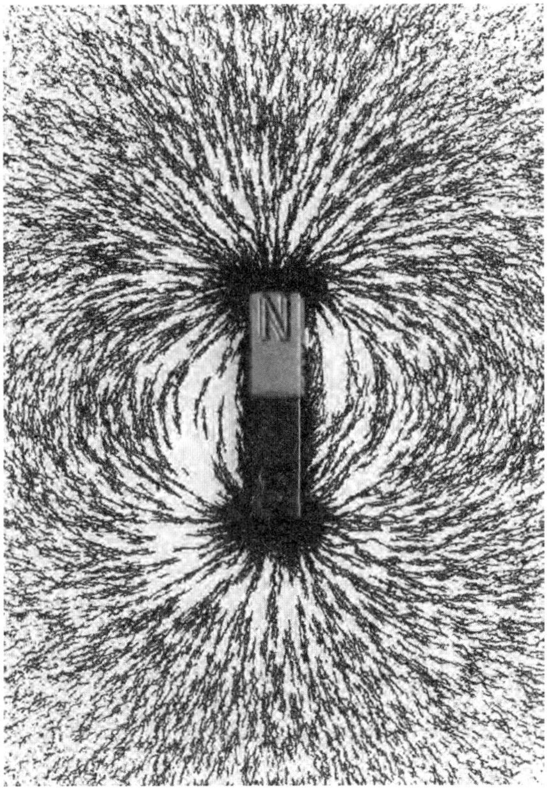

在一个磁场中，向量的大小和方向都各不相同。就像之前介绍的微积分一样，要度量这种变化，我们需要用到导数。在向量微积分中，导数的运算符号叫作del，这个词念起来仿佛带着亲切的美国南方口音。实际上，del的来源是希腊字母△（代尔塔，在数学中这个字母一般用来表示一个变量的“变化”），为了表示这种亲缘关系，在向量微积分中del被记作▽，这个倒三角就是迪卡西奥先生在餐巾纸上写下的神秘符号。

使用del这一运算符号，求向量的导数有两种方法，这两种方法都很自然。第一种方法给出的是场的“散度”，“散度”这个词也在迪卡西奥先生的“咒语”中出现过。散度究竟是什么呢，请看下图的向量场。这张图描述了水流如何从左侧的水源流入右侧的水槽。

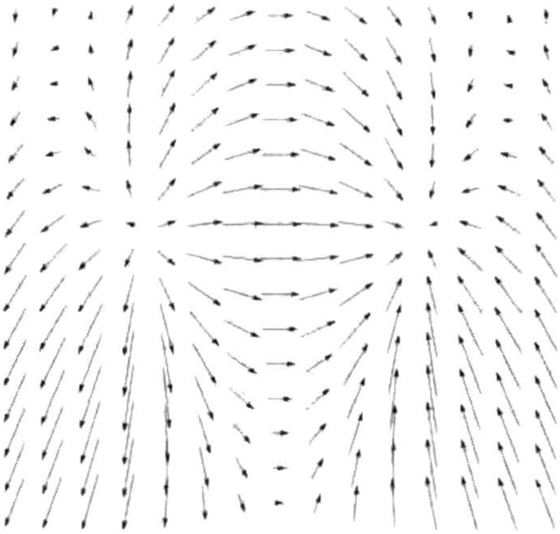

之前我们曾用铁屑来追踪磁场这种向量场，现在让我们想象水面上飘着很多小木片或是小树叶，这样我们就可以通过观察这些小木片或小树叶的排列，来判断水流在每一个点上的流动情况。假如我们在水源的周围把小木片排成一个小圈，那么这些小木片会怎么运动呢？显然，因为水会从水源流向四周，所以水源周围的小木片会分散开来，这个小圈会扩散变大。小木片“散”开了，“散开的程度”越大，圆圈扩散变大的速度也就越快。而这个小圆圈扩散变大的速度，就是这个向量场的“散度”。

下图描绘的是这个向量场在各个点上的散度数值：散度是通过灰度的深浅来表示的。明亮的区域是散度为正的区域，暗沉的区域是散度为负的区域（散度为负说明，如果在此处摆出一个木片围成的小圆圈，那么这个小圆圈会收缩变小）。

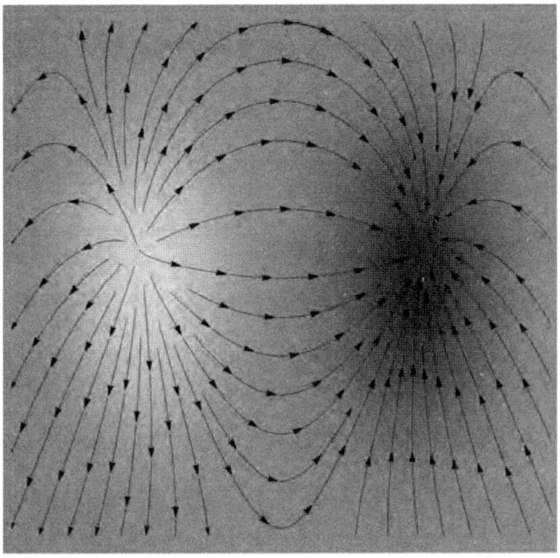

向量微积分的另一种导数形式，是向量场的“旋度”。粗略地说，旋度度量的是向量场在一个给定点的卷曲程度有多强。回想一下天气预报里卫星气象图上的台风或者热带风暴旋转卷曲的样子，在一个向量场里，如果一个区域看起来像云图里的台风，那就说明这个区域的旋度非常大。

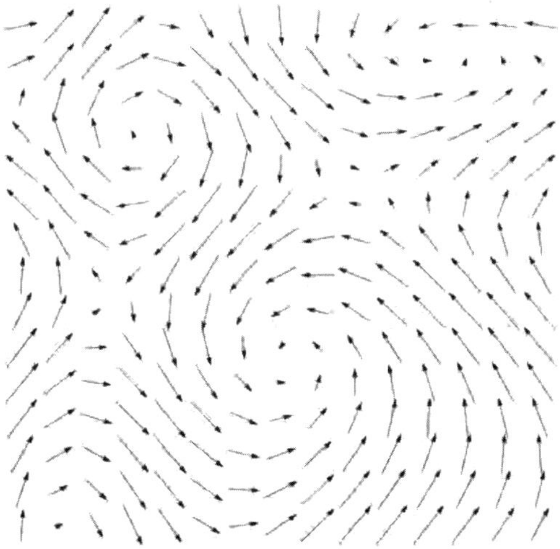

就像之前用明暗来描绘散度一样，我们同样可以用明暗来描绘旋度。明亮的部分表示旋度为正，暗沉的部分表示旋度为负。旋度的信息还告诉我们水流究竟是朝顺时针方向旋转还是朝逆时针方向旋转。

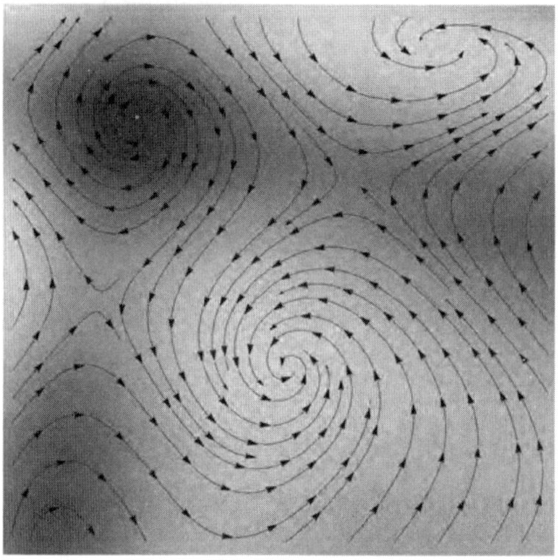

旋度的概念对于研究流体力学和空气动力学的科学家们来说非常有用。几年前，我的同事王简用电脑模拟了蜻蜓在空中悬停时身体周围的气流情况。通过计算向量场的旋度，王简发现当蜻蜓扇动翅膀的时候，它的翅膀下面会形成若干对反向的气流旋涡，这些气旋就像一些小型的龙卷风一样。正是这些迷你龙卷风产生的升力，让蜻蜓得以悬停在空中不落下来。向量微积分使我们能够理解蜻蜓、熊蜂和蜂鸟的飞行原理，这些问题光靠传统的固定翼空气动力学是无法解决的。

了解了散度和旋度的概念以后，我们现在可以向麦克斯韦方程组进发了。麦克斯韦方程组表达了电磁学的 4 条基本定律，一是电场的散度，二是电场的旋度，还有两条分别是磁场的散度和旋度。散度方程式描述电磁场和电磁场源的关系，电磁场源是指产生电磁场的带电粒子或电流。而旋度方程式则描述电磁场如何随着时间变化以及如何相互作用。通过这 4 个方程式，麦克斯韦向我们揭示出一个完美的对称关系：一个磁场随时间变化的速率与另一个磁场随空间变化的速率（磁场随空间变化的速率就是旋度）是相互关联的。

在麦克斯韦的时代，向量微积分还未被发明，但是，通过运用与向量微积分极为类似的数学技巧，麦克斯韦推导出了上述 4 个方程式的逻辑推论。通过以某种方式改变一些符号的顺序，麦克斯韦推导出电磁场是以波的形式传播的，就像池塘水面的涟漪慢慢地传向远方。但是，电磁场的传播方式很特别，电场和磁场就像一对互利共生的有机体一样，互相维系着对方的存在。电场的变化产生磁场，磁场的变化又产生新的电场，如此反复不竭。电生磁，磁生电，电场和磁场就这样携手前进，缺了任何一方，另一方都将无法进行传播。

电磁波就这样被发现了！这当然是一个突破性的发现，但是更精彩的发现还在后面。通过已知的电和磁的性质，麦克斯韦计算出了这种刚被发现的“假想”波的传播速度。推导方程式显示，电磁波的传播速度是每秒 193 000 英里，而这是大约 10 年前法国物理学家伊波利特 · 菲佐才测出的光速！

我多么希望我能早出生 100 多年，可以亲眼见证这个光辉而伟大的时刻：经过不懈的努力，人类终于第一次认识了光的真正性质！通过发现电磁波，麦克斯韦把自古以来一直困扰人类的 3 种神秘力量统一了起来。麦克斯韦告诉我们：电、磁和光，这 3 种看似毫无联系的自然现象，其实都有着相同的本质。虽然之前的一些实验物理学家，如法拉第和安培等人也或多或少地找到了一些线索，但只有麦克斯韦凭借他手中的数学武器，第一次真正地解开了这道旷古谜题。

如今，我们的现代化生活已经被麦克斯韦发现的电磁波所包围：收音机、电视机、手机、无线网络……这些都是麦克斯韦的符号戏法所创造的传奇。

The Joy of *x*

第5部分 数据

5

第 22 章

长尾分布：从减税额到恐怖袭击事件

最近，统计学突然变成了一门特别时尚和热门的科学。这也许得益于互联网的兴起、电子商务的盛行、社交网络和人类基因组计划，总而言之，数字文化的流行使我们的社会突然之间充满了数据。市场营销部门通过数据研究顾客的习惯和喜好；网络信息系统在悄悄地收集我们所在的位置、我们的电子邮件和电话信息；体育统计学家通过分析大数据决定招收哪些队员，派谁上场参与比赛，以及最后一轮进攻机会中距离底线还有两码的时候要不要进攻。每个人都想画点和连线，每个人都想从数据的“大草垛”里翻出“金鸡蛋”来。

随之而来的是，教育专家们对于“人人都要学习统计学”的呼吁。2010 年，哈佛大学的著名经济学家格里高利 · 曼昆在《纽约时报》的专栏中写道：“美国高中的数学课程应该进行改革了，孩子们在欧几里得几何学和三角学上花了太多的时间。对于一个普通人来说，几何学和三角学当然是锻炼智力的好方法，但是在现实生活中却几乎没有什么实际用处。我认为多学一些概率学和统计学方面的知识对孩子们的发展更有帮助。”《纽约时报》的评论员戴维 · 布鲁克斯说话更不客气，在谈到学过哪些课程才算是受过良好的教育时，布鲁克斯在专栏里写道："学统计学吧。这样说或许有点儿不礼貌，不过步入社会以后，你的发展际遇或好或坏，到时候你就会发现，知道什么是标准差对你的人生大有裨益。"

是的，知道什么是标准差能帮你更好地面对人生的高峰和低谷，但我认为你更需要了解的是另一个概念：概率分布。下面，就让我们从概率分布入手，展开我们的统计学之旅。之所以选择这个切入点，是因为概率分布这个概念展示了统计学的核心观点：那些看来杂乱无章、完全无法预测的独立个体，从整体上来看却可能是极为有序和完全可预测的。

你可能在科学博物馆里见过下面这个装置（如果没有见过的话，可以上网搜索相关视频）。这个装置叫作高尔顿板，它看起来有点儿像我们平时玩的弹球机，只不过这个装置没有弹球杆，而且它的缓冲板分布得很均匀，形成一个金字塔形。

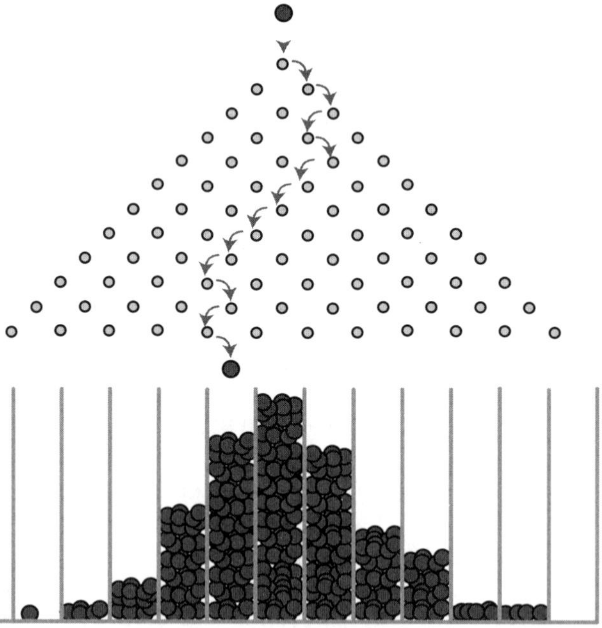

高尔顿板是用来演示这样一个实验的：在实验开始的时候，几百个小球从上方被倒入高尔顿板中。在下落的过程中，小球随机碰撞缓冲板，有的向左边弹，有的向右边弹。最后，小球全部落入下方的窄槽中。有的窄槽里的球堆得高一些，有的窄槽里的球堆得低一些，窄槽中所堆的球的高低反映出球落入这个槽中的概率有多大。大多数的小球都掉进了中间或者靠近中间位置的窄槽里，左右两侧的窄槽里的球较少，最两侧的窄槽里几乎没有球。每一个小球的落点都是随机的，对于一个单独的小球来说，我们无法预测出它最终到底会落入哪个窄槽里，但是，从整体上来看，所有小球落点的分布却是非常容易预测的——落点的分布呈现出一口铜钟的形状。

为什么个体的随机性累积起来，却变成了整体的规律性呢？很简单，这就是概率的魔力。中间窄槽里球的数量最多，是因为大部分的球一路向左弹的次数和向右弹的次数是差不多的。向左弹和向右弹的次数接近，球就会掉入靠中间位置的窄槽里。要想落入最外侧的槽里，一个球必须一路几乎只朝一个方向弹。显然，这种情况发生的概率非常小，正是因为如此，最外侧的窄槽里的球数量很少。在概率的作用下，球的分布是越往中间越多，越往两侧越少。

每个球最终的落点是由很多微小的概率事件造成的。世界上的很多其他现象也是如此，许多微小的随机事件导致事物最终朝着不同的方向发展。因此，世界上的很多现象，都可以抽象为一个铜钟形状的曲线。保险公司熟知这个曲线，虽然保险公司无法预测每年有哪些投保人会不幸去世，但它们却可以相当精确地预测出一年大约会有多少投保人死亡，需要多少理赔金额。

另一个例子是人的身高。你的身高取决于很多微小的随机因素：基因、生化、营养、环境，诸如此类。虽然无法预测某个特定的人的身高，但是如果统计部门收集所有成年男女的身高数据，就会发现这些身高数据的分布也呈现出铜钟的形状。

在一篇题为“网上相亲的谎言”的博客文章中，热衷于统计和数据分析的某婚恋网站公布了该网站会员自行填写的身高数据。男会员和女会员的身高分布分别呈铜钟状，这与我们的预期相符。但有趣的是，这两个“铜钟”的位置都有些可疑，它们都右移了两英尺左右。

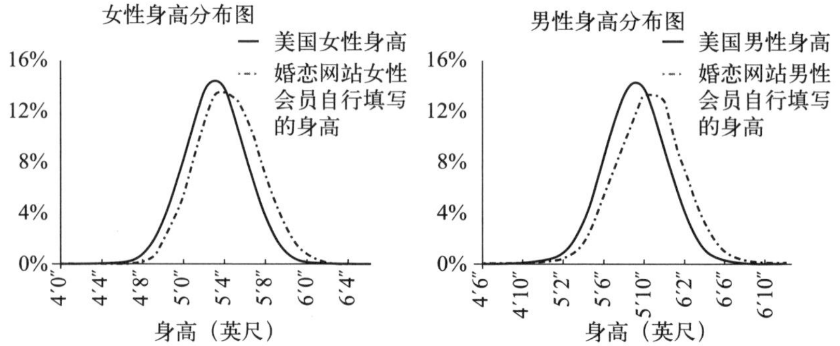

这个现象只有两种解释：要么是该婚恋网站的会员身高非常高，高于美国男女身高的平均水平；要么是这些会员在填写自我介绍资料的时候，虚报了自己的身高。

有一种理想化的铜钟形曲线，数学家们给它起名叫“正态分布”，它是统计学中最重要的概念之一。正态分布的美来自它理论上的性质。数学可以证明，只要大量相互独立、大小类似的轻度随机（即方差不能为无穷大）事件相叠加，其结果必然呈正态分布。在自然界和人类的生活中，大量独立随机事件相叠加的情况比比皆是，所以正态分布很常见。

需要强调的是，并不是所有事情都符合上面这几个条件，因此，并不是所有的事情都服从正态分布。这是我本章想要强调的第二个要点。人们曾经认为大部分事物都应该服从正态分布，但事实并非如此。近 100 年来，尤其是最近几十年以来，科学家和统计学家们发现，很多现象并不服从正态分布，而是另一种分布。奇怪的是，几乎所有的初级统计学教材都对这种分布避而不谈，而是把几乎所有的篇幅都放到了正态分布上。即使偶尔有几本统计学书籍谈到了这种分布，也会把它列为一种“病理标本”，而不肯承认它是自然界和人类社会中常见的现象。我认为这太不可理喻了。下面，我要为这种分布正名，了解了这种分布后你就会发现，现代生活中的很多事情都可以被这种分布解释得很清楚。正态分布又被称为常态分布，但我认为我下面讲到的这种分布才应该称为新的常态分布。

我们来考虑一下美国各个城市的城市规模的分布。城市规模并不是围绕一个比较中庸的值向两侧均匀展开的，城市规模的分布也不呈铜钟形。在美国，绝大部分的城市都非常小，所以它们都挤在下图的左侧区域。

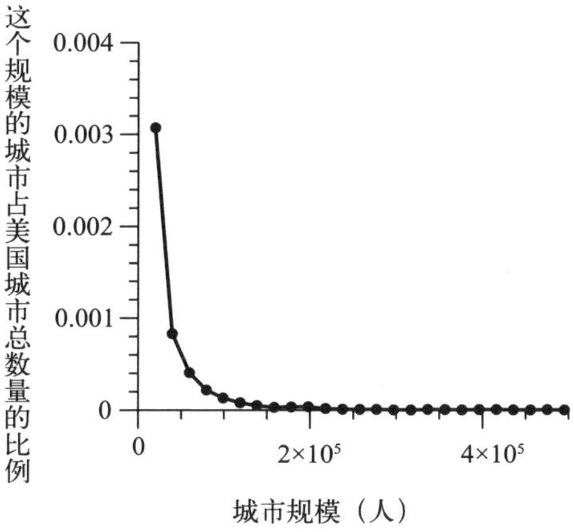

居民人数多的城市非常少，人数越多的城市占美国城市总数量的比例就越小。所以，从整体上来看，美国城市规模的分布不呈铜钟形，而是呈L形。

这并不奇怪。每个人都知道，美国的大型城市只有区区几个，小型城市则分布广泛，数都数不清。神奇的是，在这种情况下，美国的城市规模仍然服从一个简单而美丽的分布，并且这种美需要更透彻的视野才能看到。

也就是说，看两个城市的人口（规模）差距的时候，我们应该考虑两个城市人口的相对比例，而不是人口差的绝对数量。如果城市A的人口数量是城市B的两倍，城市B的人口数量是城市C的两倍，我们就可以认为，城市A和B的规模差距与城市B和C的规模差距是一样的（虽然A市和B市人口差的绝对数量要大于B市和C市人口差的绝对数量）。这类似于音乐领域对音阶的定义：音阶上相距8度的两个音，其频率相差一倍。这里我们考虑的是相对比例而非绝对差异。如果我们用这样的方法修正一下上图的竖轴，城市人口的分布就变成了这样：

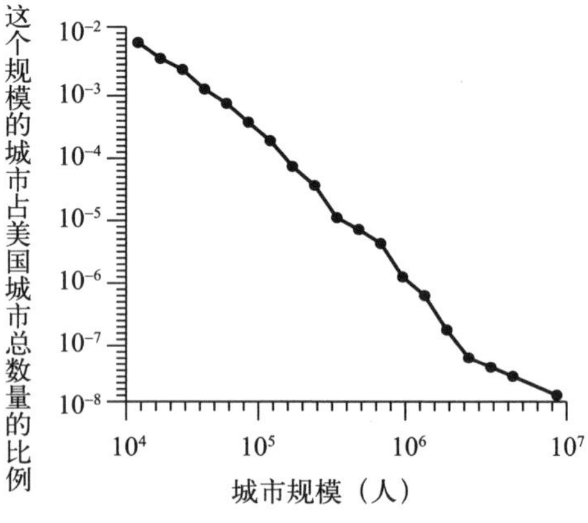

可以看出，上图中的数据点几乎在一条直线上。根据对数的性质，我可以推导出之前图中L形曲线的函数，这个L形曲线服从幂律分布：

$$y = \frac{C}{x^{a}}$$

上述方程式中x是指城市的人口（规模），y表示这个规模的城市有多少个，C是一个常数，而x的指数a是上图中直线的斜率前面加个负号。

从传统统计学的角度来说，幂律分布的性质非常奇怪，完全不符合人们的直觉。正态分布的平均数、众数和中位数都相等；而幂律分布的L形是歪斜的、不对称的，所以幂律分布的平均数、众数和中位数并不相等。小布什总统就曾在他的竞选演说里利用过幂律分布的这个性质。小布什总统声称，2003 年的减税计划让每个美国家庭平均少缴纳税款 1 586 美元。从技术上来说，这句话并没有撒谎，1 586 美元是减税额度的平均值，但这个说法却带有很强的误导性。因为幂律分布是高度不对称的，最左侧 0.1%的富裕家庭中，每个家庭可能获得数万美元的减税数额，减税额度的平均数被这些家庭严重地拉高了。而右侧这个长长的“尾巴”才能反映出普通家庭获得的减税数额，这个“长尾”服从幂律分布。在幂律分布的情况下，平均数并不能反映出大部分家庭获得的减税额度。事实上，减税额度分布的中位数是 650 美元，也就是说，一半以上的家庭获得的减税金额不足 650 美元。从这个例子可以看出，幂律分布的平均值和中位数的差异很大。

上面的例子展示出幂律分布的最大特点：长尾分布，长尾分布又称肥尾分布或重尾分布。相比正态分布，长尾分布中极端情况发生的概率会更大。当然，和正常情况比，极端情况仍然是极少发生的，但是如果把一个长尾分布误认作正态分布，我们就可能会严重低估极端情况的发生概率。

1987 年 10 月 19 日被称为金融市场的“黑色星期一”。那一天，美国道 · 琼斯工业平均股票指数一日之内暴跌了 22%。相比正常交易日中股市的波动幅度，那一天的跌幅远在 22 个标准差之外。如果我们用传统的正态分布钟形曲线来模拟股市，这一天的情况几乎是不可能发生的，22 个标准差之外的极端情况的发生概率，应该在10的50次方分之一以下，而这种极端情况居然真的发生了。为什么呢？因为股市的波动并不服从正态分布，长尾分布比正态分布更适合用来模拟股市的变化。

除了股市的波动，地震、山火、洪水的发生也都不服从正态分布。这给保险公司的风险管理部门带来了更大的挑战。同样，战争和恐怖袭击等造成的死亡事件也不服从正态分布。当然，长尾分布并不是灾难的专利，小说里词汇的出现频率和人们的性行为习惯也都服从长尾分布。

虽然长尾、肥尾、重尾这几个名字并不好听，但随着长尾理论日益受到人们的重视，这几个词的出现频率也渐渐高了起来。我仿佛能听到这个极不对称的分布骄傲地指着自己的尾巴说："说我长，说我重，说我肥？请搞清楚，我才是当下的常态。"

第 23 章

贝叶斯定理：辛普森杀死前妻的概率有多大？

你有没有做过这样的噩梦：马上就要期末考试了，你突然发现有一门课你从来没有上过，试卷的内容你一点儿也看不懂？这是学生的噩梦。而教授的噩梦与学生的噩梦正好相反，教授会梦见自己站在讲台上准备讲课，却突然发现要讲的内容自己一点儿也不记得了。

每次上概率课的时候，我就好像生活在这样的噩梦里。我自己做学生的时候从来没上过概率课，所以对我来说，给学生们上概率课既恐怖又有趣，就好像是在游乐园游玩时进“鬼屋”一样。

概率课上最能让我心跳过速的内容是条件概率：在发生事件B的前提下，发生事件A的条件概率是多少（即已知事件B发生，在此条件下事件A发生的概率是多少）？这个概念非常复杂，很容易就会把B发生的前提下A发生的条件概率，与A发生的前提下B发生的条件概率相混淆。这两个概念当然是不一样的，但是，需要集中注意力保持头脑清醒，才能搞清楚它们之间的区别。在举例之前，我们先考虑下面这个问题。

你打算外出度假一周，出发之前，你请一个粗心的朋友帮你给一棵“生病”的植物浇水。如果不浇水，这棵植物有90%的概率会死掉。但即使是用心浇水，这棵植物也有20%的概率会死掉。根据你的判断，这个粗心的朋友忘记浇水的概率是30%。

以上是本题的条件，本题的问题如下：

(a) 你回来时，这棵植物还活着的概率是多大？

(b) 如果你回来时发现植物已经死了，请问你的朋友没有浇水的概率是多大？

(c) 如果你的朋友没有给植物浇水，你回来时发现植物死了的概率是多大？

虽然（b）问题和（c）问题听起来差不多，但是这两个问题是不一样的，答案当然也不一样。实际上，题目的条件已经告诉我们，“如果不给植物浇水，这棵植物有90%的概率会死掉”，所以问题（c）的答案是90%。但是，怎样利用这些条件求解出（a）和（b）问题的答案呢？

因为我对概率不大熟悉，所以一开始教这门课的时候，我主要追求稳妥：什么都按照书本来，像上面这种题目我就直接套用书本上的公式来解答。但是渐渐地，我发现有些学生不用贝叶斯定理也能解出这类题目。为了绕过繁杂的贝叶斯定理，这些聪明的同学用一种与贝叶斯定理的原理相同但却更加简单明了的方法来解答这类题目。

时光飞逝，我给一届又一届的学生讲授概率课。在这些聪明学生的启发下，我慢慢地发现了一套理解条件概率的更好的办法。贝叶斯定理看上去很令人迷惑，而这些学生教我的方法则完全顺应人的直觉。这个方法的窍门就是，不要去想抽象的概率、机会、百分比之类的概念，而是直接考虑事情发生的次数（显然，这是一种更为自然的频率计算法，也可称为事件的“自然频率”)。只要转变思路，一切就都豁然开朗了。

就职于柏林马克思 · 普朗克人类发展研究所的认知心理学家捷尔德 · 盖格瑞泽写了一本非常有意思的书，书名为《风险的计算》。在这本书中，盖格瑞泽举出了很多他在研究中发现的人类对风险和不确定性的误判和错误计算。算错概率的例子遍及各个领域：从艾滋病治疗到脱氧核糖核酸（DNA）指纹图谱的识别。虽然我们计算概率的时候常常错得离谱儿，但是这位仁慈的心理学家并没有责骂我们的愚蠢，也没有哀叹人类的脆弱，他只是耐心地告诉我们怎样才能减少这类错误。盖格瑞泽的方法和我的学生们发明的方法差不多，那就是，当面对条件概率问题的时候，不使用抽象的概率和百分比，而是依赖最自然、最原始的计数方法：计算事件发生的次数（自然频率）。

在其中一项研究中，盖格瑞泽和他的同事请德国和美国的医生们来解答这样一个问题：如果一位妇女的乳房X射线检查结果呈阳性，但是这位妇女又属于乳腺癌发病风险较低的人群（年龄在 40~50 岁，无家族乳腺癌病史，本人无乳腺癌症状），那么她罹患乳腺癌的概率到底有多大？为了把问题进一步具体化，盖格瑞泽给受访的医生们提供了如下信息：一是这个人群中乳癌的发病率，二是乳房X射线检查的灵敏度和阴性被误判为阳性的概率。这些信息都是以概率和百分比的形式给出的，具体数据如下：

在年龄为 40~50 岁、无家族乳腺癌病史、本人无乳腺癌症状的妇女中，乳腺癌发病率是 0.8%。如果一位妇女确实患有乳腺癌，那么乳房X射线检查呈阳性的概率是 90%。如果一位妇女没有患上乳腺癌，但乳房X射线检查结果呈阳性的概率为 7%。现在，有一位妇女，她属于乳腺癌发病风险较低的人群，但是她的乳房X射线检查结果呈阳性，请问她实际患有乳腺癌的概率是多少？

盖格瑞泽询问的第一位医生是一所大学附属医院某部门的主任，对于乳腺癌的诊断，这位医生有着超过 30 年的专业经验。根据盖格瑞泽的描述，这位医生对上述问题的反应是这样的：

> 我提出这个问题以后，这位医生显得很紧张，他很努力地想要算出正确的数值。在仔细研究过我给出的数据以后，这位医生判断，在乳房X射线检查结果呈阳性的前提下，这位妇女实际患有乳腺癌的概率是 90%。回答完这个问题以后，这位医生又立刻推翻了自己的答案，他紧张地说："我肯定搞错了，我根本不会算。你应该去问我的女儿，她正在医学院读书。"显然，这位医生很清楚自己的答案是错误的，但是他却不知道怎么才能算对。虽然他对这个问题冥思苦想了足有 10 分钟，但他却根本不清楚应该怎样使用概率。

同样的问题，盖格瑞泽又询问了 24 位德国医生，这些医生给出的答案五花八门。有 8 位医生认为，这位妇女实际患有乳腺癌的概率应该为 10%或者更低；另有 8 个医生认为，这位妇女实际患有乳腺癌的概率是 90%；剩下的 8 名医生认为，这位妇女实际患有乳腺癌的概率为 50%~80%。想象一下，如果你是一位病人，听到这些结果不一的诊断意见，你的心里会有多么痛苦。

那么，美国医生的表现又如何呢？ 85%的受访医生认为，该妇女罹患乳癌的概率应该约为 75%。

其实，这道题的正确答案是 9%。

为什么这位妇女实际患乳癌的概率这么低？盖格瑞泽指出，只要把题目的说法从概率和百分比“翻译”成事件发生的次数，这道题就会变得非常简单。具体翻译如下：

在年龄为 40~50 岁、无家族乳腺癌病史、本人无乳腺癌症状的每 1 000 位妇女中，就会有 8 人罹患乳腺癌。这 8 个人中有 7 个人的乳房 X 射线检查结果呈阳性。在没有患上乳腺癌的 992 人中，大约有 70 人的乳房 X 射线检查结果会错误地显示为阳性。现在有一个乳房 X 射线检查结果呈阳性的妇女，请问她实际患有乳腺癌的概率是多少？

非常简单。1 000 人中检查结果呈阳性的一共有 7 + 70=77 个人。这 77 个人中，只有 7 个人确实是乳腺癌患者，剩下的 70 人并没有患上乳腺癌。所以，在检查结果呈阳性的前提下，实际患有乳腺癌的概率是 7 除以 77，也就是 1/11 或者约 9%。

在上面的计算中，我们做了两处简化。

第一，我们把所有小数四舍五入为整数。比如，“这 8 个人中有 7 个人的乳房 X 射线检查结果呈阳性”。准确地说，8 个患乳腺癌的人乳房 X 射线检查结果呈阳性的概率为 90%，也就是说有 $8 \times 0.9=7.2$ 个人乳房 X 射线的检查结果呈阳性。此处，我们把 7.2 直接四舍五入为 7，虽然精确度有所下降，但是整数会比小数更清楚易懂。

第二，我们假设实际情况和统计数据是完全相符的。比如，低风险人群的乳腺癌发病率是 0.8%，那么假设 1 000 人样本中正好有 8 个人患病。现实中，情况往往不是这样，你抛 1 000 次硬币，不一定正好有 500 次的结果是正面朝上的。但是，我们需要假设样本完全服从统计数据的分布规律，否则我们就没办法计算了。

不得不承认，这个方法在逻辑上并不是很严密，所以，任何一本概率学教科书都不会采用这种方法。但是，与复杂的贝叶斯定理相比，我们的这种方法既简单又清楚，光这两个优点其实已经足够了。作为上述实验的对照，盖格瑞泽又找了另外24位医生，向他们提出同样的问题，只不过这次的数据不是以概率和百分比的形式给出，而是以事件发生的自然频率的形式给出（即直接给出翻译过后的题目）。结果是，几乎所有受访医生都给出了正确的答案（或者答案与正确答案很接近）。

把概率从百分比简化成事件发生次数，确实使问题解决起来容易许多，但是条件概率仍然是一个比较复杂的内容。有时候，我们甚至连问题都问错了；还有的时候，我们算出了正确的结果，却又被结果所误导，给出了错误的解释。

在1994~1995年辛普森杀妻案的庭审过程中，控方和辩方都犯了这类错误。在法庭上，双方律师都用错误的条件概率误导过陪审团。

在庭审的最初10天内，控方举出了无数证据说明辛普森常对前妻妮可尔·布朗实施家庭暴力。这几乎是控方这10天诉讼的唯一主题。控方声称，辛普森曾多次殴打前妻，把她往墙上推，甚至当众指着妮可尔对围观群众说："看，这是属于我的东西！"但问题是，辛普森虐待前妻与他有没有谋杀她有什么关系呢？控方的观点是，长期对前妻实施家庭暴力说明辛普森有谋杀前妻的动机。按照控方自己的说法就是："一个巴掌可能就是谋杀的前兆。"

而辩方律师阿兰·德尔绍维茨则反驳说，就算这些家暴事件全部属实，也和谋杀没有必然关系，所以不应该被采纳。阿兰·德尔绍维茨后来写道："殴打配偶的男性中，只有非常少的人最后真的会谋杀配偶，这个概率低于1/2 500。如果庭审需要，我们可以轻松地明确证实这一点。"

实际上，不管是控方还是辩方，都在诱导陪审团考虑这样一个条件概率：在已知丈夫曾经殴打妻子的前提下，丈夫谋杀妻子的概率是多少。但是，正如统计学家

I · J · 古德所指出的那样，这个问题其实是错误的，陪审团应该考虑的并不是这个条件概率。

正确的问题应该是：在已知丈夫曾经殴打妻子，并且妻子确实死于谋杀的双重前提下，丈夫谋杀妻子的概率是多少。经过调查和计算，这个条件概率远远高于 1/2 500。

为什么呢？让我们再次使用自然频率法，把概率和百分比转换成事件发生的次数。想象我们的样本是 100 000 个被丈夫殴打过的妇女。假设阿兰 · 德尔绍维茨的数据属实，那么这其中大概有 40 个妇女最终会被丈夫谋杀（100 000 × 1/2 500 = 40）。我们再假设，另外还有 3 个妇女被丈夫以外的人谋杀了（这是根据美国联邦调查局于 1992 年发布的女性被谋杀的数据算出来的）。也就是说，被谋杀的 43 位女性中，有 40 个妇女是被对她们实施家暴行为的丈夫杀掉的。因此，在已知丈夫曾经殴打妻子，并且妻子确实被人谋杀的双重前提下，丈夫谋杀妻子的概率高达 93%！

当然，这个概率并不是辛普森杀妻的概率。辛普森是本案凶手的概率到底有多大，还取决于很多其他的证据（包括对他有利的证据和对他不利的证据）。比如，辩方称警方曾陷害过辛普森，控方则称凶手的鞋印、手套、DNA 都与辛普森相吻合等。

但是，这些证据影响你对最终判决看法的概率又是多少呢？我想这个概率可能是零。

第 24 章

线性代数与强大的谷歌搜索引擎

在谷歌搜索引擎问世之前，网络搜索是一件很让人崩溃的事情。那时的搜索引擎常常给出一些不相关的搜索结果。而你想找的网站不是排在网站列表的第 50 页，就是显示根本找不到。

由于有了“链接分析”的算法，上述问题如今已被解决。“链接分析”算法的原理听起来像是一条似是而非的禅理：网络搜索应该反馈最佳网页。那么，什么样的网页是最佳网页呢？最佳网页是那些链接着其他最佳网页的网页。

这听起来有点儿循环论证的意味。事实上，这就是一个循环论证，而且这个理念的深刻之处就在于它的循环论证性。“链接分析”征服了这个循环论证，把劣势变成了优势，最终，一种柔术般的网络搜索方法横空出世了。

这种算法的数学基础是线性代数。线性代数是处理向量和矩阵的一种数学工具，当你想从大量数据中发现规律，或者进行含有数百万个变量的超大型计算的时候，你就需要用到线性代数。线性代数除了可以帮谷歌公司设计出“网页排序号”的搜索算法，还可用于人脸识别技术、分析高等法院的判决规律、赢得网飞（Netflix）

公司的百万美元大奖等。

为了解释线性代数的工作原理，我们以谷歌的网页链接搜索技术为实例进行说明。当然，现实中这个技术是非常复杂的，但此处我们只看一个极度简化的模型。假设有一个迷你网络，这个网络只含有 3 个页面X、Y和Z，这 3 个页面的链接方式如下图所示。

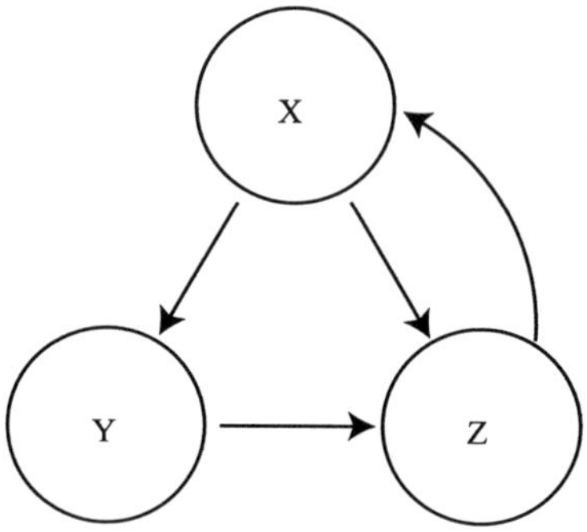

上图中的箭头含义如下：页面X含有页面Y的链接，但是页面Y却不含有页面X的链接。页面Y含有页面Z的链接。页面X和Z互相链接。

下面，我们考虑这样一个问题：在这个迷你网络中，哪个网页最重要，哪个网页最不重要？你可能会说，信息不足回答不了这个问题，因为我们完全不知道这 3 个网页的内容。抱歉，你的这种说法已经过时了。事实证明，通过研究网页的内容来研究网络搜索是行不通的，这种方法现在基本被淘汰了。计算机不大善于评判一个网页的内容，而我们也不可能人为地去做这件事情，毕竟每天都有成千上万的新网络页面产生。

谷歌的创始人拉里 · 佩奇和谢尔盖 · 布林当时还是研究生院的两个学生，他们发明了一种新的网络搜索算法：让网页自己给自己投票，不是举手投票，而是用实际行动（链接）投票。在上面的例子中，页面X和页面Y都链向页面Z，页面Z是这个迷你网络中唯一有两个外链接指向它的页面。所以，页面Z是这个迷你网络中最“流行”的网页。“流行度”是有信息含量的 。但是，如果一个可疑网页链向另一个网页，那么另一个网页也应该被扣分，就像一个不可靠的人推荐的人不值得别人信任一样。“流行度”本身不说明问题，只有被好的网页“推荐”（好的网页里含有你的链接），才能获得加分。

于是，我们又回到了那句禅语：最佳网页是那些链接其他最佳网页的网页。但是，一开始，谁来决定哪些网页是最佳网页呢？

我们让网络自己来决定，具体方式如下：

> 谷歌的搜索算法给每个网页打一个分数，这个分数叫作“网页排序号”，是一个介于0和1之间的数字。“网页排序号”考虑一个假想的上网者，他会在这个网页上花掉的时间占总上网时间的多大比例？通过回答这个问题，我们可以度量一个网页相对于其他网页的重要程度。这个假想的上网者是这样上网的：如果一个网页上有另外几个网站的链接，他就会从这些链接中随机选择一个点击，点击每个链接的概率相等。在这个假设条件下，一个网页的访问量越大（我们假想的上网者的访问量，不是实际互联网用户的访问量），这个网站就越重要。

因为“网页排序号”的定义是（假想上网者）访问这个网站的时间占总上网时间的比例，所以网络上所有网页的“网页排序号”的总和必然为1。根据守恒定律，我们还可以把“网页排序号”想象成一股水流，这股水流在网页间流动，从体验不佳的网页不断地向体验良好的网页汇聚。谷歌的算法考察的就是，从长期来看，这股水流如何分配到网络中的各个网页中。

为了算出水流的分配，我们需要一个巧妙的迭代算法。首先，我们对每个网页的“网页排序号”进行一个粗略的估计，用这个猜测值作为迭代的初始值。然后，我们考虑水流如何不断地分流到新的网页中，规则是：如果一个网页上有另外几个网站的链接，假设上网者就从这些链接中随机选择一个点击，点击每个链接的概率相等。这个过程不断地进行下去，直到水停止流动，每个网页的访问量稳定下来。

一开始，谷歌的算法比较宽泛：每个网页的初始值都一样。比如，我们的迷你网络共有3个网页，那么每个网页的“网页排序号”的初始值都是1/3。

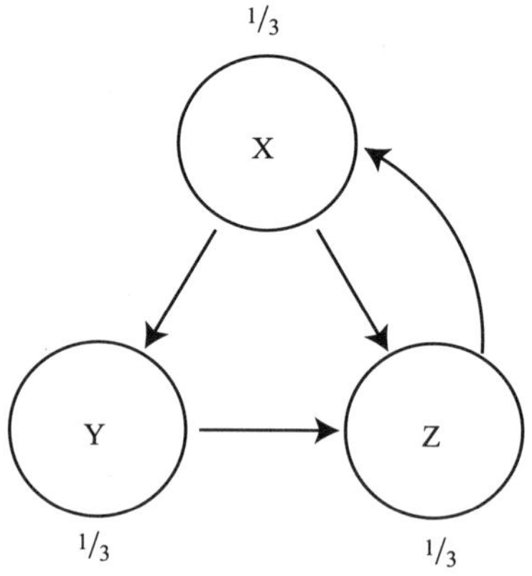

网页排序号初始值

然后，我们开始进行迭代计算，以便更好地估计出每个网页在网络中的重要程度。在每一轮迭代计算中，每个网页把上一轮终止时的水量（网页排序号）平均分流到它链接的各个网页中。在我们的模型里面，第一轮结束时，X的网页排序号仍然是1/3，因为只有网页Z向网页X输水，网页X从网页Z处获得了1/3的水量。网页Y的水量则下降为1/6，因为Y只获得了X一半的水量。X的另一半水量（1/6）

流向了Z，同时Z还从Y处获得了1/3的水量，所以Z获得的总水量是1/2。第一轮结束时，网页X、Y和Z的水量如下图所示。

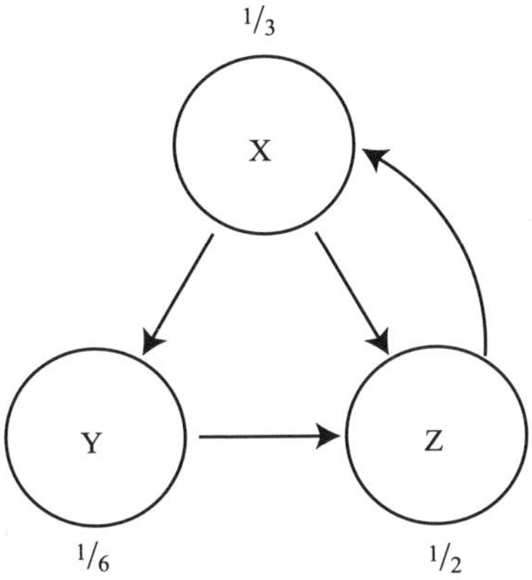

第一轮结束后网页排序号的值

第一轮结束，第二轮开始，水量分流的规则和上一轮一样。如果我们用（x, y, z）来表示网页X、Y、Z当前的网页排序号，那么分流的情况可以用如下的方程式来描述：

$$x' = z$$

$$y' = \frac{1}{2}$$

$$z' = \frac{1}{2}x + y$$

x'、y'、z'分别表示x、y、z更新后的值。这种迭代算法可以用Excel办公软件完成（对于我们的迷你网络，其实手算就可以了）。

经过10轮迭代计算，我们会发现页面X、Y、Z的网页排序号的值趋于稳定，再继续进行迭代计算的话，每轮数值的改变很小。10轮迭代计算之后，X获得

40.6%的水量，Y获得 19.8%的水量，Z获得 39.6%的水量。这 3 个数字分别趋近于 40%、20%、40%。我们可以猜测，这些数值已经向均衡状态收敛，而均衡状态的值正是 40%、20%、40%。

谷歌也是利用这样的算法，把均衡状态下的极限值记为每个网页的网页排序号。

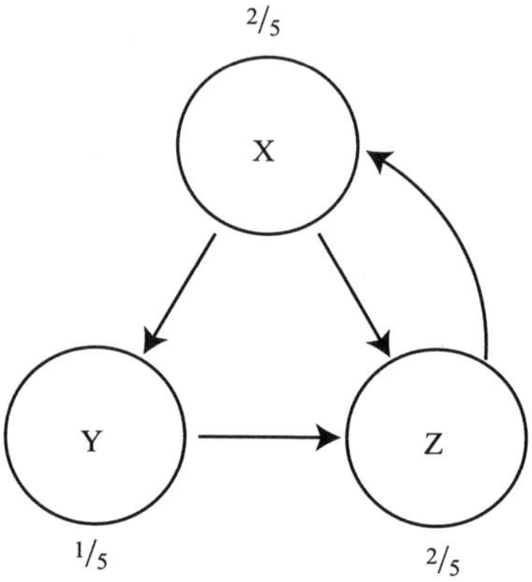

均衡状态下的网页排序号的值

这个算法的结论是，在这个迷你网络中，虽然有两个外链接指连向网页Z，但是网页X和网页Z其实一样重要。这个结果并不奇怪，因为Z用全部流量支持X，而X却只用一半流量回报Z，把另一半给了Y。这也解释了为什么网页Y的最终得分是X和Z的 1/2。

神奇的是，这个最终得分可以直接算出，而不需要经过这个复杂的迭代计算过程。想一想，均衡的定义是什么？如果系统不再发生变化，那就说明系统已经达到了稳定的“均衡状态”，所以均衡状态的定义就是$x'= x$，$y'=y$，$z'=z$。把这 3 个方程式代入上面的方程组，我们就得到：

$$x' = z$$
$$y' = \frac{1}{2}x$$
$$z' = \frac{1}{2}x + y$$

很容易解出 $x = 2y = z$。最后，别忘了 x、y、z 这 3 个数字之和为 1。所以，最后的答案是 $x = 2/5$，$y = 1/5$，$z = 2/5$。这个得数和我们迭代计算的结果是完全一致的。

这道题已经解决了，接下来我们应该研究一下这道题和线性代数到底有什么关系。不管是表示均衡状态的方程组，还是上面表示 x、y、z 更新变化的方程组都是典型的线性方程式。这种方程式之所以叫作线性方程式，是因为它们和直线有关。在这些方程式里，所有变量都是一次方的形式，与中学代数课上的直线方程式（一次方程式）$y = mx + b$ 的形式完全一样。

与非线性方程式相比（比如含有 x^2、yz、$\sin x$ 等项的方程），线性方程式是比较容易求解的。但是如果线性方程组有很多个未知数，问题就变得比较复杂，互联网的情况正是如此。线性代数的核心目标之一，就是不断发明更快、更有效率的算法，去求解巨大的线性方程组。线性方程组解法、算法上的细微提高，就会给我们的日常生活带来极大的便利：航班排期会更合理，图像压缩技术会更有效率，网络搜索会更快速准确。

线性代数在现实世界中最大的胜利，可能要算网络搜索问题的解决了。“什么样的网页是最佳网页呢？最佳网页是那些链接着其他最佳网页的网页”，这句话用数学语言来表述，就是网页排序号的线性方程组。

谷歌使用的线性方程组和我们上面求解的方程组并无本质区别，只不过我们的方程组只有 3 个未知数，而谷歌要解决的方程组却有数十亿个未知数。当然，对谷歌来说，解出这数十亿个未知数，意味着会有数十亿美元的利润入账。

The Joy of *x*

第6部分　前沿

6

第 25 章

孤独的质数与我们的信用卡支付密码

一首 20 世纪 60 年代的美国老歌唱道："1 是最孤独的数字，2 也好不到哪里去。"我想，在孤独的问题上，质数应该算是一个需要特殊关注的群体了。

保罗 · 焦尔达诺写过一本畅销书《质数的孤独》。《质数的孤独》是一部悲伤的爱情小说：马蒂亚和爱丽丝是两个像质数一样孤独的社会边缘人。因为不幸的童年，两人几乎失去了和别人交流沟通的能力。但是在彼此破碎的灵魂里，他们却找到了共鸣和救赎。在这本书里，作者这样写道：

> 质数只能被 1 和它自己整除。质数和其他数字一样，排在无穷无尽的自然数里，几乎被相邻的两个数字挤扁，虽然被挤压着，却又藏着一种格格不入的孤独。质数永远是可疑的、不合群的孤独者，所以马蒂亚喜欢质数。有时候，马蒂亚觉得质数一定是误入了某种陷阱，才会被囚禁在自然数的序列里，就像珍珠被囚禁在项链里，永远无法逃离。有时候，马蒂亚又觉得也许质数最大的愿望就是变成一个普通的自然数，和别的数字一样正常，不再那么格格不入，

但是，这个愿望永远不可能实现……

大学一年级的时候，马蒂亚学到这样一个知识点：质数中还有一些更为特殊的数字，数学家们称之为“孪生质数”。每一对孪生质数的位置相差不远，几乎可以说是邻居，但它们之间却总会插进一个偶数，硬生生把它们隔开。比如11和13、17和19、41和43都是孪生质数。如果你继续观察下去，就会发现孪生质数变得越来越少。越来越多孤立的质数，存在于这个寂静的谜一样的空间里。越观察，你越会产生一个绝望的预感：之前发现的那些孪生质数也许只是偶然的巧合，而孤独、彻底的孤独，才是一个质数真正的宿命。但是，就在你准备放弃，觉得再也没有必要继续观察下去的时候，你又会碰到一对孪生质数，它们紧紧地依偎在一起，对抗着周围的冰冷和绝望。数学家们相信，不管你观察到哪里，前方一定还有更多的孪生质数，虽然没有人知道，下一对孪生质数会出现在哪里，但我们总会找到它们。

马蒂亚觉得，他和爱丽丝就是一对孪生质数。他们都很孤独，他们同样迷失在这个冰冷的世界里，他们是彼此唯一的安慰，但他们之间仍隔着不可逾越的障碍，他们永远无法真正地紧挨着彼此。

在这里，我觉得有必要挖掘一下这段悲伤的文字里提到的那些美丽的思想：特别是质数的孤独和孪生质数的宿命。这些问题是数论里的核心问题。数论的研究对象是整数和整数的性质。数论一直被认为是“最纯粹”的数学领域。

在我们走进数论这个令人呼吸困难的领域之前，先让我们讨论一个问题。很多实用主义者都会问：数论到底有什么用处？数论的实际应用主要表现在加密算法中。数论的性质决定了它是密码学的基础。每天，加密算法保护着我们的个人信用卡的网上支付功能，也保护着每个国家的军事机密。这种算法依赖于一个特殊的性质：一个巨大数字的质因数是非常难以求得的。

但是，数学家们迷恋质数并不是出于这个原因。对于数学家们来说，质数的魅力在于它们具有“基本的重要性”。质数之于算数，就好比原子之于物理。原子（atom）一词的希腊语词根是atomic，意思是“不能被切开、不可分割”。在物理学知识中，所有的物质都是由原子构成的；在数学知识中，所有的数字都可以被分解成质数。比如，60=2×2×3×5。我们可以说，60 是一个合数，2、3、5 是它的质因数。

那么,1 这个数字怎么办？ 1 是质数吗？它不是。当你理解了 1 为什么不是质数，你就会真正理解那首老歌的真谛：1 真的是世界上最孤独的数字，它比质数还要孤独。

从道理上来说，我们不应该把数字 1 从质数的队伍中孤立出来。既然数字 1 只能被 1 和它本身整除，它不就应该是一个质数吗？实际上，数字 1 确实曾经被当成质数，而且数字 1 当质数的时间也不短。但是，现代数学却决定把数字 1 从质数的队伍中赶出去，这一举动只是为了方便起见。如果数字 1 是质数的话，有一个定理就无法成立，但是人类需要这个定理，我们一定要让这个定理成立。换句话说，为了达到自己的目的，为了得到我们想要的定理，人类操纵了质数的定义，无情地把数字 1 赶了出去。

什么定理这么重要？这个定理就是：任何数都能以唯一的方式被分解成几个质数的乘积。如果我们承认 1 是质数，那么“唯一的”这三个字就不再成立。比如说，6 可以分解成 2×3，也可以分解成 1×2×3，还可以分解成 1×1×2×3，诸如此类。只要数字 1 是质数，质因数分解的方式就不唯一。这听起来很可笑，但是如果数字 1 是质数的话，确实很不方便。

这个故事揭示出数学的真正面目。有时候我们会幼稚地认为，人类是先发明出定义，然后把这些定义刻在石头上，再根据这些板上钉钉的定义来推导定理。其实，数学的真正面目并非如此。这种方法太过消极。人类才是数学的“主人”，定义是依据人类的意愿拟定的。尤其是当一个小小的改变就能让定理变得更严密的时候，我们才不会在乎数字 1 的感受！

好了，现在数字 1 已经被我们从船上扔下去了，让我来看看还在船上的诸位吧。在人类对质数的了解中，最重要的一点是什么呢？那就是质数是如此神秘、费解和古怪。没有任何人发现过质数的通项公式。与物理中的原子不同，质数不服从任何简单的规律，我们发现了“元素周期表”，却研究不出一张“质数周期表”。

前 10 个质数就足够给我们一个“下马威”了：2、3、5、7、11、13、17、19、23、29。首先，第一个数字 2 已经很神奇了：它很边缘，是所有质数中唯一的偶数。难怪歌里会唱：“1 是最孤独的数字，2 也好不到哪里去。”

除了数字 2 之外，其他质数都是奇数，但它们也很莫名其妙。看看每两个质数之间的距离：有时是 2（比如 5 和 7），有时是 4（比如 13 和 17），有时是 6（比如 23 和 29）。

为了理解质数到底有多神奇，我们看看基本的奇数：1、3、5、7、9、11、13……相邻奇数间的距离永远是 2，比鼓点还要准。所以，奇数可以用一个很简单的通项公式来表达，第 n 个奇数是 $2n-1$。而质数呢？它们无组织、无纪律，毫无规律可言。

由于相邻质数间的距离很不规律这一现象，数学家们决定不再冥思苦想单个质数出现的规律，而是用统计学的方法，把质数当成一个整体来看。比如，我们来看一看质数在整数中究竟是如何分布的：小于等于 10 的质数有多少个？小于等于 100

的质数有多少个？小于等于任意整数N的质数又有多少个？要回答这些问题，需要用到一个统计学上的概念：累积分布。

想象我们沿着数轴行走，一边走一边数质数，就像搞人口普查的时候挨家挨户地走访一样。质数站在数轴上，我们从 1 开始，一直向右走，手拿计数器，看见一个质数就按一下计数器。这个计数器的读数变化如下图所示。

≤x的质数的个数

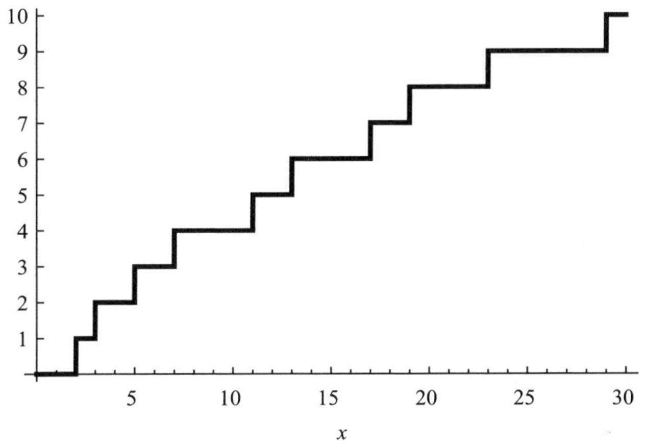

横轴是你在数轴上的位置，纵轴是此时你手中计数器的读数，也就是小于等于x的质数的个数，当x小于 2，y的值是 0，因为暂时还没有找到任何质数。当我们走到数字 2，就找到了一个质数。所以，计数器的读数为数字 1，上图的函数出现一个跳跃。然后，函数值又保持不变，直到我们走到数字 3 的位置，此时函数值又上移 1 格。这个函数的特征就是：持平、突增、持平、突增、持平、突增……最后，我们看到的是一个奇怪的楼梯，台阶忽高忽低。这个函数被数学家们称为“素数计数函数”。

请把这个奇怪的函数和下图的“奇数计数函数”对比一下。

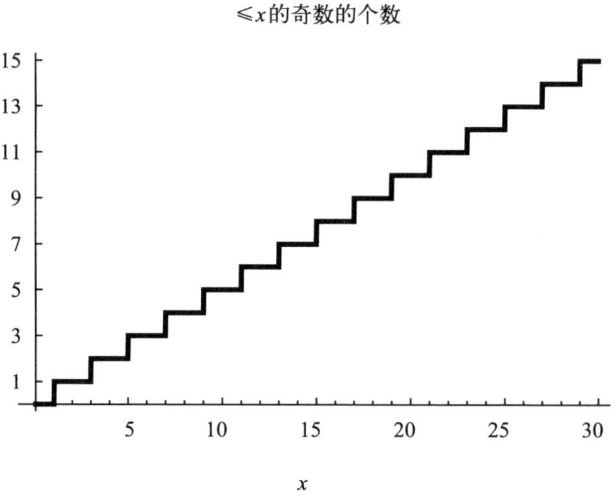

奇数所形成的楼梯是非常正常的，每个台阶都一样高，顺着一条斜率为 1/2 的直线一路攀升。这是因为相邻奇数间的距离永远是 2。

不得不说，质数实在是太过奇特。既然质数如此奇特，它们到底还有没有什么规律可循呢？奇怪的是，质数的分布还是有一定规律的。要找到这个规律，我们应该暂时忘记高高低低的台阶给我们带来的不快，专心看看这个楼梯的“走势”。如果我们把素数计数函数的图像缩小，我们会慢慢地看到一条比较光滑的曲线。下图是小于等于 100 的质数的计数函数。

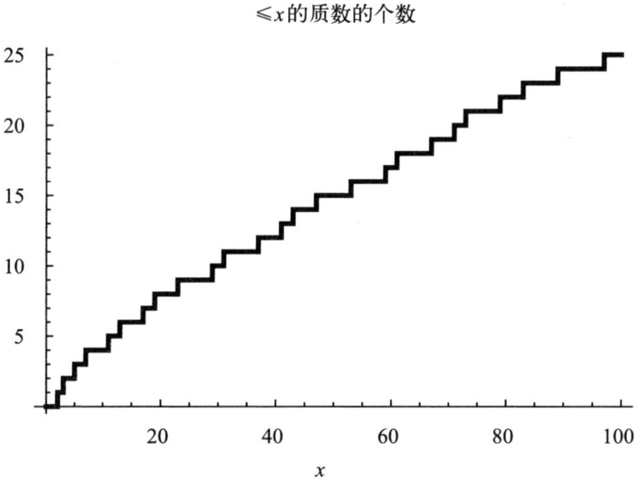

与之前的图相比，台阶的高低不平看起来没有那么明显了，如果我们再看看小于等于 10 亿的质数的计数函数，这条曲线还会变得更加平滑一些。

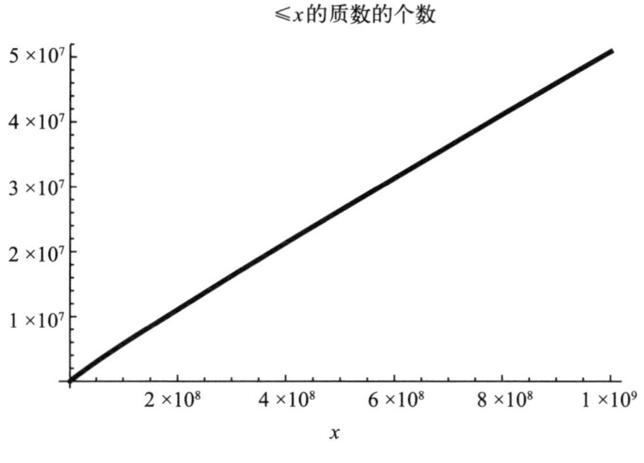

上图的函数图像看起来像一条直线，但其实它并不是一条直线。随着这个函数的向上爬升，爬升的速度在以微小的速率减小。这说明，随着数字越来越大，质数变得越来越稀疏。也许，所谓质数的孤独，就是越往高处走越孤单、越疏离，俗话说得好：高处不胜寒。

随着数字越来越大，质数变得越来越稀疏。这个性质从图像上来看并不明显，但是换一个角度就能看得很清楚。在前 30 个正整数中，我们可以找到 10 个质数，也就是每 3 个正整数里就存在一个质数，质数的比例可达 33%。而在前 100 个正整数中，一共有 25 个质数，每 4 个正整数里就有一个是质数，质数的比例下降到了 25%。那么，前 1 亿个正整数里质数占多大比例呢？答案是： 5%。

这条看似笔直的曲线里，有着质数苍凉的命运：它们是越来越少的“濒危”物种。当然，质数不会在某一点后完全消失；沿着数轴一直向右，总还是会找到更大的质数——这一点欧几里得早已告诉了我们。质数是无穷的，但它们却越变越少，越变越稀疏。我们沿着数轴向右走得越远，就越难看到质数的身影。

通过拟合质数的计数函数，数论学家把质数的“孤独度”度量了出来。质数的“孤独度”由相邻两个质数之间的距离来表示，如果N是一个非常大的数，那么N附近两个相邻质数间的平均距离是$\ln N$，即N的自然对数。（在高中数学课上，我们学过常用对数。自然对数和常用对数的性质完全一样，只不过常用对数的底数为 10，而自然对数的底数为e。之所以称它为“自然对数”，是因为它在高等数学中非常常见，它总是很“自然”地出现在各个地方，这要感谢高等数学中的e了。关于e的更多知识，请参见本书的第 19 章。）

相邻质数间的平均距离是$\ln N$。在N比较小的时候，这个公式很不准确，但随着N的增大，这个公式会变得越来越精确。当N趋于无穷大的时候，这个公式的误差百分比就会趋近于零。为了有一个更直观的认识，我们代入一些具体的数字。当N=1 000 的时候，小于等于 1 000 的质数有 168 个，所以 1 000 以下相邻质数的平均距离是 1 000/68，大约为 5.9。而我们的公式$\ln N$给出的预测值则是$\ln(1\,000)\approx 6.9$。

也就是说，当N取 1 000 的时候，这个公式的误差很大，公式的预测值比实际值高 17%。但当N非常大的时候，例如我们取N= 1 000 000 000，此时质数间平均距离的实际值和公式给出的预测值分别是 19.7 和 20.7，预测值只比实际值高 5%。

当N趋于无穷大，$\ln N$这个公式就可以准确地预测相邻质数间的平均距离，这个结果叫作素数定理。1702 年，德国著名数学家卡尔 · 弗里德里希 · 高斯首次发现了这个定理（但是，当时并未以论文形式发表这个结论），那时的高斯只有 15 岁。（看，在没有游戏机的年代，一个孩子的学术研究能力有多强！）

而本章中提到的另外两个少年——马蒂亚和爱丽丝，则以另一种方式告诉我们质数的美。我希望你可以感受到孪生质数的神奇之处。随着数字的增大，孪生质数虽然越来越稀少，却仍能坚持“存在于这个寂静的谜一样的空间里”，这种凄美简直要让我潸然泪下。你知道这有多不容易吗，一切都对它们很不利。根据素数定理，大数N附近相邻质数间的平均距离在$\ln N$左右（N的数值很大的时候，$\ln N$远大于 2），在这样的条件下，还能有只隔一个数的孪生质数存在，这实在是一件非常神奇的事情。

是的，总有一些感天动地的爱情可以战胜命运。在数轴延展至极远的位置，计算机仍然帮我们找到了真爱无敌的孪生质数。目前已知的最大一对孪生质数，它们各有 100 355 位。

孪生质数猜想告诉我们，这样的数字永远不会消失。

但是，是否能在它们附近找到另一对孪生质数？我们只能看运气了。

第 26 章

群论：如何翻转才能使床垫磨损率最小？

我和妻子的睡眠习惯完全不一样，我们的床垫是这一事实的最佳见证者。我的妻子睡觉时喜欢在身边放好几个枕头，而且她整夜不停地翻身，所以她躺着那部分床垫几乎没有任何凹痕。而我则像木乃伊一样永远仰卧在床垫的同一个位置，结果给我身下的床垫留下了一个巨大而忧伤的“印记”。

床垫制造商建议顾客定期翻转床垫，以使床垫的磨损更加均匀。我想床垫制造商一定是知道有我这样的人存在，才会提出这么中肯的建议。但是，到底如何翻转床垫才是最佳的？怎么翻转才能让床垫的磨损最均匀呢？

布莱恩 · 海斯在《卧室中的群论》一书中对这个问题做了详细的探讨。“卧室”和“群”这两个词汇放在一起有点儿微妙的意味，不过这里所讨论的“群”是指一些数学行为的集合，即你可以翻转或旋转床垫（翻动或旋转后的床垫必须仍能严丝合缝地嵌在床架里）的所有方式的集合。

通过研究床垫的翻转问题，我希望让大家对群论有一个比较全面和基本的了解。群论是数学中最百变的分支之一。从方块舞的编舞，到粒子物理的基本原理，再到尔汗布拉宫的马赛克装饰，这些东西的背后都有群论的身影。

这些例子都说明，群论是科学和艺术之间的一座桥梁。群论讨论了科学和艺术的一个共同的主题：对于“对称”的永恒追求与热爱。但是，因为群论包罗万象，它必然是高度抽象的。群论提炼出了“对称”最初和最深的本质。

一般来说，我们把对称看作形状的一种性质。而群论的重点却在于：对于一个形状，我们可以做些什么？具体来说，就是在保持某些因素不变的前提下，改变一个形状的方式到底有多少种？说得更准确些，群论讨论的是这样一个问题：在一定的限制条件下，有多少种方式可以转化一个形状，但这个形状的本质却保持不变？这些转化的方式，就叫作这个形状的“对称性”。这些转化方式的集合形成一个“群”，“群”的性质定义了这个形状的最本质特征。

对于一个床垫来说，我们可以通过一些转化方式，改变床垫在空间中的方向（这就是上一段中所说的“转化一个形状的方式”），这些转化必须保持床垫的形状不变（这就是上一段中所说的“一定的限制条件”）。这些转化结束后，床垫必须仍能严丝合缝地嵌在床架里（这就是上一段中所说的“在保持某些因素不变的前提下”）。定好这些规则以后，我们来看看，哪几种“转化”床垫的方式属于这个“群”呢？事实上，只有 4 种方式是符合上述条件的。

第一种方式是什么也不做，大部分懒惰的床垫用户都选择这种方式。显然，这种“转化”符合上述所有条件，虽然它对延长床垫的寿命毫无帮助，但我们仍然必须把它视作这个“群”的一个元素。这种什么都不做的转化方式就像加法中的 0 或乘法中的 1 一样重要，数学家们称它为“单位元素”，符号为 I。

接下来，我们来讨论另外 3 种富有创造性的翻转床垫的方式。为了清楚地展示翻转的方法，我们把床垫的 4 个角编上号，分别为 1、2、3、4，如下图所示。

第一种翻转床垫的方法在本章一开始的时候就给出了。在本章的第一幅插图里，那位穿条纹睡衣的英俊绅士正在翻转床垫——沿床垫的长轴翻转 180 度。这种转化方式我们记作 H，即“水平翻转”。

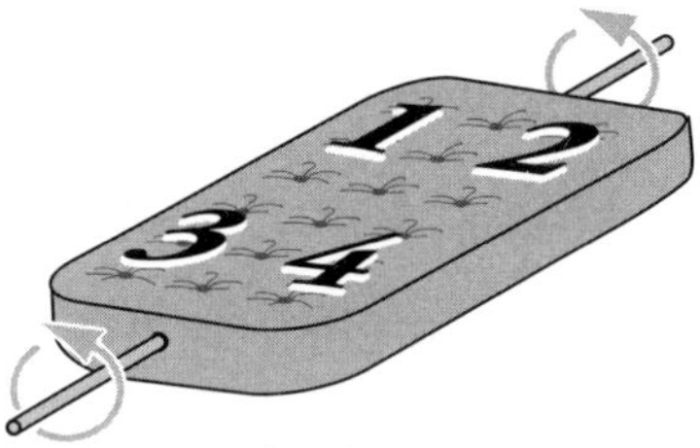

水平翻转

第二种更为狂野的翻转床垫的方法是“竖直翻转”，我们将这种方式记作 V。竖直翻转要把床垫先立起来，让它几乎碰到天花板，然后让床垫头尾、正反皆翻转。“竖直翻转”的净效果（除了一声巨大的轰鸣以外）是床垫沿着短轴翻转了 180 度，如下图所示。

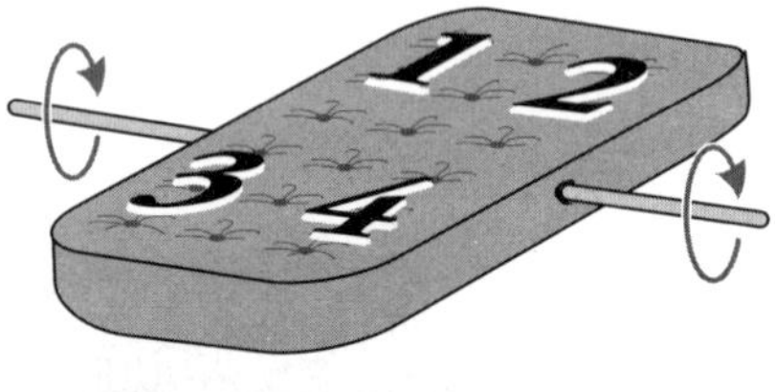

竖直翻转

第三种翻转床垫的方法是保持床垫正面朝上，把它旋转半圈，让床头变成床尾，床尾变成床头。这种方式我们记为 R，意思是“旋转”。水平翻转和竖直翻转都让床垫变为反面在上，而旋转后床垫仍保持正面朝上。

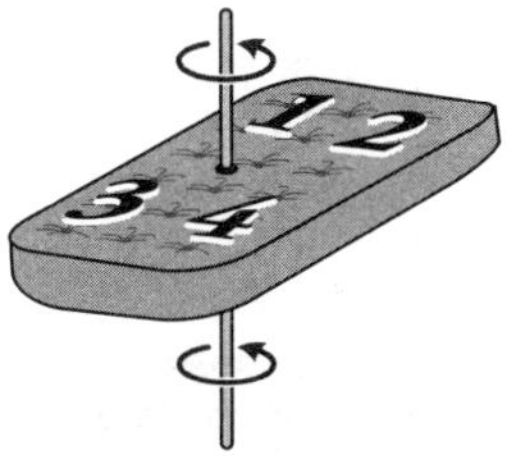

旋转

为了更形象地展示这几种翻转床垫方法的区别，我们想象床垫是透明的，即使反面朝上后仍能看见写在床垫正面的数字。水平翻转后，4 个数字变成了原来的镜像，数字的排列发生了变化，1 和 2 换了位置，3 和 4 换了位置。

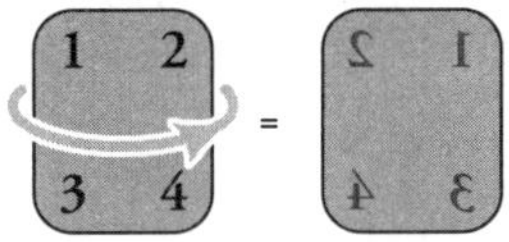

水平翻转

而竖直翻转后，数字的排列则发生了另一种形式的变化：数字不仅变成了原来的镜像（1 和 2 换了位置，3 和 4 换了位置），而且 1 和 2 从上面换到了下面，3 和 4 则从下面换到了上面。

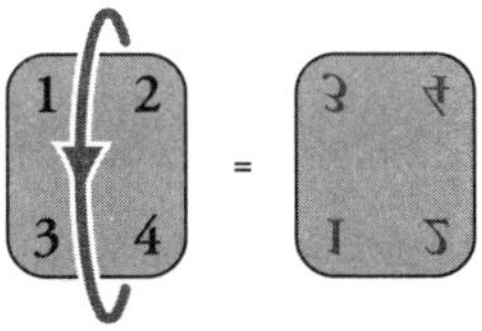

竖直翻转

最后来看一下旋转法。旋转后数字不会变成原来的镜像，它们只是头尾颠倒了而已。旋转后，1 和 4 交换了位置，2 和 3 交换了位置。

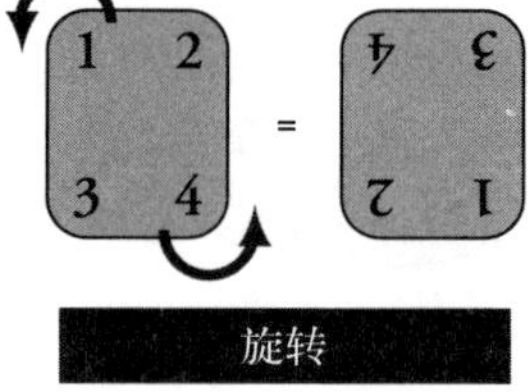

这些变化的细节并不重要，重要的是这几种转化方式之间的联系是怎样的。这4种转化方式之间的关系，反映出床垫这个物体的对称性质。

为了说清楚这个问题，我画了这样一张图。(这种图在内森 · 卡特的《视觉群论》里比比皆是。《视觉群论》这本书写得非常好，绝对是群论入门书籍中最棒的一本，甚至是我读过的所有高等数学入门类书籍中写得最好的一本。)

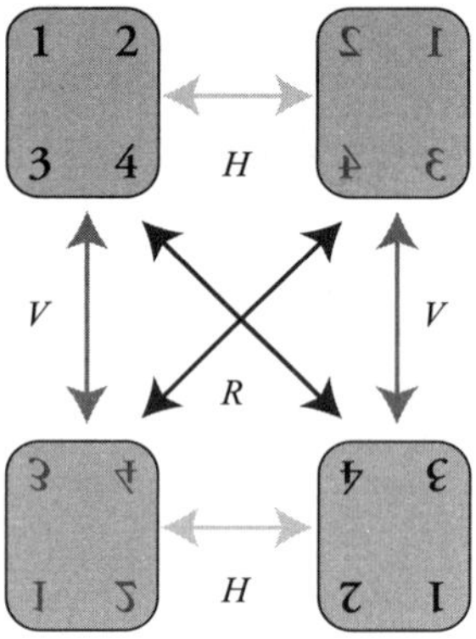

上图4个角上的方块表示床垫可能出现的4种状态。左上角是床垫翻转（或旋转）前的初始状态。箭头表示翻转（或旋转）的方式，这些箭头把床垫的4种状态连接起来。

比如说，从左下状态指向右上状态的箭头表示“旋转”R。这个箭头是双向的，因为如果把床垫旋转2次，床垫就会回到初始状态。

这并不奇怪吧，如果把床头转到床尾，然后又把新的床头转到新的床尾，就相当于什么也没做（床垫又回到初始状态）。这个性质可以用方程式表示为：

$RR = I$

上式中的RR表示把R这种转化做了两次；I表示初始状态（单位元素）。同样，如果连续水平翻转两次，或者连续竖直翻转两次，床垫都会回到初始状态，也就是：

$HH = I$

$VV = I$

除此之外，上面这张转化图还给我们提供了一些其他信息。比如，从图中可以看出，与其进行一次惊险的竖直翻转，不如先做一次水平翻转再加上一次旋转。两种方法的效果是完全一样的，也就是 $V= HR$。为了验证这一结论，我们先从上图左上角的初始状态出发。向东走，沿着H的箭头，我们就到达右上状态，然后再沿着对角线往西南方向走，沿着R的箭头，最终到达左下状态。而直接从左上状态沿着V的箭头向下走也会走到完全相同的地方。所以，$HR = V$。

注意，在这张图中，各个步骤间的先后顺序并不重要。不管你是先水平翻转再竖直翻转，还是先竖直翻转再水平翻转，结果都是一样的，即$HR = RH$。在我们这个群中，任何两种转化方式的先后顺序都可以互相交换，转化的结果却保持不变，这是加法交换率的一种更广义的形式。算术中两数相加时，$x + y = y + x$，在这里是$HR=RH$。请注意，并不是所有的群都服从交换律，我们的床垫“群”只是一个特例。通常，服从交换律的群是性质比较简单和清楚的群。

现在，回到我们最初的问题：怎样翻转床垫才能使磨损最为均匀？这个问题的答案是，只要周期性地调整床垫的状态，让床垫处于上图中的4种状态的时间相等就可以了。比如，鉴于竖直翻转床垫的方式有一定的危险性，我们可以选择周期性地重复R和H这两种翻转方式：第一个周期后旋转床垫一次，第二个周期后水平翻转床垫一次，第三个周期后又旋转床垫一次，第四个周期后又水平翻转床垫一次……如此反复。有的床垫制造商发明了这样一个保养床垫的口诀："春天转，秋天翻"，这其实说的就是上面的这种策略。

群论的魅力就在于，它把很多外表看来毫无联系的事物的本质挖掘出来，让我们知道这些风马牛不相及的事情其实具有相同的抽象本质。比如，床垫的翻转、一组电器开关状态的变化逻辑，以及水分子的对称性，其实都可以用上面的这个群来表示。这让我想到著名物理学家理查德 · 费曼的一则逸事：

> 在入伍体检时，需要通过精神科医生的检查。当时，医生让费曼把手伸出来给他看，结果费曼立刻伸出双手，一只手手掌朝上，另一只手手背朝上。医生说："不是这样，把手翻过来。"费曼闻声把双手都翻了过来，还是一只手手掌朝上，另一只手手背朝上。

费曼的这个恶作剧只有懂得群论的人才能体会其中的幽默。如果我们考虑一下伸出两只手一共可能存在的4种状态，以及其中的转化过程，我们就会发现，伸手问题和翻转床垫问题的本质是完全一致的！

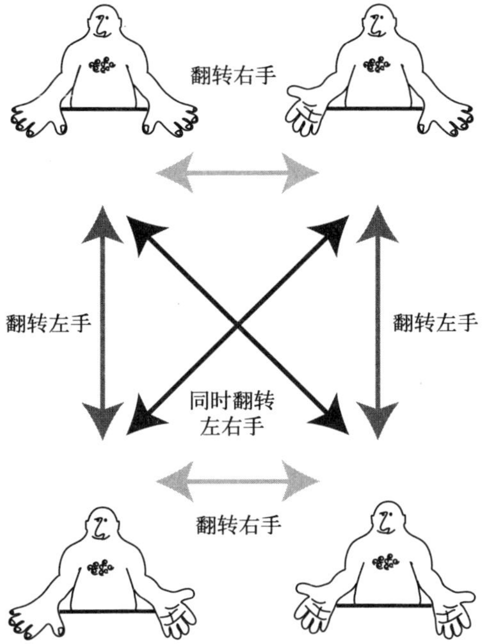

如果你觉得用群论的方法来解决床垫问题未免太令人头晕了，那么，我们还是回归一个简单的真理：如果有什么事情让你感到烦恼，那么最好的解决方法就是倒头大睡。

第 27 章

拓扑：用莫比乌斯带写成的忧伤爱情故事

我们的社区小学会定期举办家长日活动。家长日那天，学校会邀请学生们的家长给孩子们做演讲，这些演讲让孩子们有机会了解不同工作和不同领域中的各种知识。

轮到我演讲的那天，我给上一年级的女儿的同班同学带去了一大包莫比乌斯带。莫比乌斯带是怎么制作的呢？前一天晚上，我和妻子一起把一条长纸带剪成一小段一小段的，然后像下图中这样把每一小段纸带扭一下。

扭过之后，再用胶带将小纸带黏起来，一个莫比乌斯带就做成了。

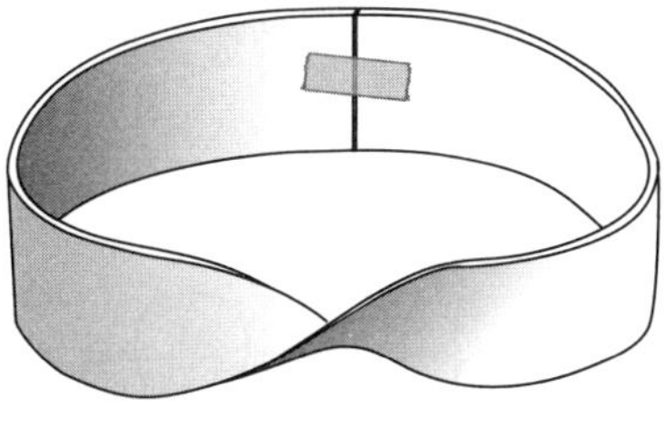

这个简单的小手工作品，在 6 岁孩子的手上可以玩出很多花样来。我需要的只是一把剪刀、几支蜡笔、一卷胶带和一点儿好奇心。

在我和妻子给女儿班上的孩子们分发莫比乌斯带和上述工具的时候，老师问班上的孩子们："你们觉得这个物品与哪一个学科有关呢？"有个小男孩举手回答说："我不知道，但应该不是语言学。"

我想，老师当时大概觉得小朋友们会回答"美术"或者"艺术"之类的学科。一个更早慧的孩子也许能答出"数学"这个答案。事实上，这个问题的最佳答案是："拓扑"。（我所说的并不夸张，在伊萨卡市的小学里，绝对有一年级的小学生能答出"拓扑"这两个字来，只不过那位拓扑学家的孩子恰好在隔壁班上。）

什么是拓扑？拓扑是几何学的一个分支，它是现代数学中一个非常有活力的学科。拓扑不像前面说到的几何学那么严肃和严谨，在拓扑学中，只要你能通过弯曲、扭转、拉伸等方法把一个形状连续（连续指的是不能撕裂，也不能刺穿）地变成另一个形状，我们就认为这两个形状是等价的。在传统的几何学中，每个物体都是坚硬的、不可变形的；而在拓扑学中，物体似乎具有无限的弹性，我们可以想象这些物体是由一种理想化的橡胶或者橡皮泥制成的。

拓扑学揭示出形状的深层次的本质性质——这些性质不会因为任何连续的形变而改变。比如，一个正方形橡胶圈和一个圆形橡胶圈在拓扑学上是等价的。虽然正方形橡胶圈有 4 个角和 4 条直线边，但这些特征在拓扑学上都属于无关信息。经过一个连续的形变过程，正方形橡胶圈就可以变成圆形橡胶圈，它的 4 条直线边会转化成圆弧的形状。

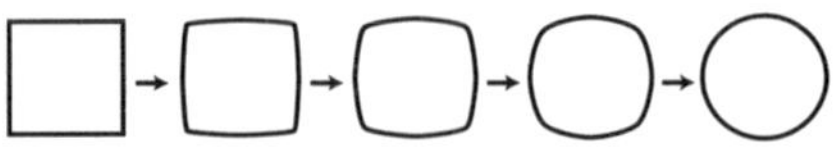

连续的形变可以把方的变成圆的，但有一个性质无法改变，那就是这两个橡胶圈的本质结构都是“圈”。不管是圆形橡胶圈还是正方形橡胶圈，它们都是圈状的闭合曲线，这就是它们共同的拓扑结构。

回到我们的莫比乌斯带。莫比乌斯带包含一个扭转半圈的扭结，不管怎么形变，这个扭结都仍然存在，这就是莫比乌斯带的拓扑性质。正是因为有了这个扭结，莫比乌斯带才有着如此重要的数学性质。相信很多读者都听说过莫比乌斯带最重要的性质：它只有一个面，也只有一条边。也就是说，莫比乌斯带的正面和反面其实是同一个面，它的上边缘和下边缘是同一条边。（不相信的话，你可以把手指放在莫比乌斯带一面的任何一点上，然后沿着这个面向前移动，最终你会遍历莫比乌斯带的所有地方，然后回到出发点。同样，你也可以把手指放在莫比乌斯带的上边缘上，然后沿着上边缘一直向前移动，最后你会遍历莫比乌斯带的整个边缘，回到出发点。）为什么会这样呢？一条纸带本来有上边缘和下边缘这两条边，但是这个扭结却把这两条边连在了一起，形成了一条更大、更长的连续曲线。同样，这个扭结还把纸带本来拥有的两个面合成了一个面。黏上胶带，形成一个闭合形状的那一刻，上述性质就成了莫比乌斯带的永久属性。你可以随意拉伸或扭转一个莫比乌斯带，但它永远都会有一个扭转半圈的扭结，永远都只有一个面和一条边。

我给一年级的孩子们发放莫比乌斯带，让他们亲自体会莫比乌斯带的上述神奇性质。通过这样的教学方式，我希望孩子们可以体会到数学的奇妙与乐趣。

首先，我让每个孩子拿出一支蜡笔，沿着莫比乌斯带任意一面的中心线认真地画出一条线。我看到孩子们认真地皱起眉头，开始用蜡笔追踪这条看不见的线（下图中的虚线）。

画完以后，很多孩子放下笔，脸上露出困惑的表情。他们开始兴奋地和周围的孩子分享自己的发现：这条线居然没有回到出发点形成一个闭合的圈，而是延展到莫比乌斯带的另一面上去了。这是孩子们碰到的第一件怪事：对于莫比乌斯带来说，需要绕两圈（而不是一圈），才能回到出发点。

这件怪事让班上的一个小男孩感到非常不安。当画完一圈发现蜡笔没有回到出发点的时候，这个小男孩觉得自己一定是什么地方画错了。不管我们怎样安慰他，告诉他莫比乌斯带的性质就是这样的，这个小朋友始终认为自己画得不对。虽然我们不断地跟他说“你做得很好，做得完全正确”，这个小男孩却坚决不接受我们的表扬，而是坐在地上伤心欲绝地大哭起来。

在这个孩子的哭声中，我略带不安地让孩子们开始下一项活动。我问孩子们：如果沿着刚才画出的这条中线，用剪刀把莫比乌斯带剪开，会出现什么情况？

孩子们争先恐后地回答说：莫比乌斯带会被一分为二，我们会得到两个分离的部分。但当他们亲手剪开莫比乌斯带以后，奇怪的事情发生了：莫比乌斯带并没有变成两部分，而是变成了一个更大、更长的环。孩子们仿佛看魔术表演一般，发出了惊奇和兴奋的叫声。

之后，孩子们就进入了失控的状态。他们不肯再专心听我说话，而是自己开始进行实验。通过自由发挥，孩子们制造出了各式各样的新莫比乌斯带，有的有两个扭结，有的有 3 个扭结。他们还忙着把这些莫比乌斯带剪成 2 段、3 段或者 4 段。一时间到处都是各式各样扭来扭去的环形物，项链、锁链、绳结等，不一而足。孩子们互相喊着“看我的”、“你看看我的”，教室里乱成了一锅粥。但我始终无法忘记那个因为莫比乌斯带而坐在地上大哭的小男孩，希望我没有给他造成心灵创伤。

这个小男孩并不是唯一一个在数学课上心情不佳的孩子。有一个叫维 · 哈特的女高中生也很讨厌枯燥无味的数学课。上数学课的时候，她不听老师讲课，而是在下面涂鸦：画蛇，画树，画许多头小象排队。维 · 哈特称自己是一位“全职娱乐数学的音乐家”。她把自己的一些涂鸦之作上传到了 YouTube 网站上。令人意想不到的是，这些视频居然获得了数万次的点击量，尤其是她画的小象，点击量竟然达到了上百万次。这个孩子的涂鸦和其他作品都是原创的。

我很喜欢维 · 哈特做的关于莫比乌斯带的两个视频，她非常巧妙地利用了莫比乌斯带奇特的性质，把数学与音乐和故事联系到了一起。其中一个视频里演示了她自制的莫比乌斯带音乐盒。音乐盒演奏的是她自己写的一段音乐，音乐的灵感来自《哈利 · 波特》系列小说。

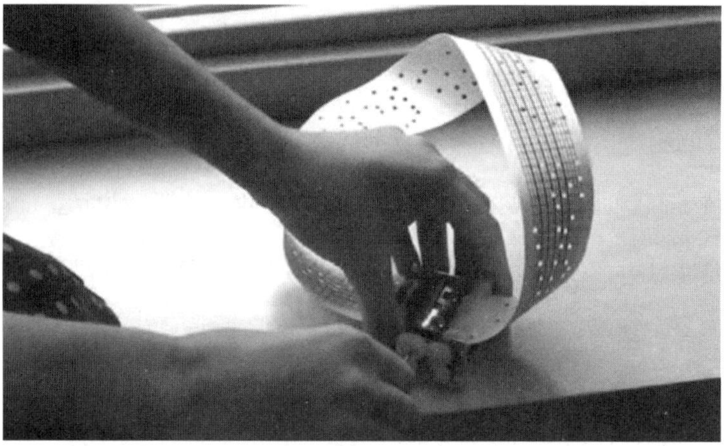

维 · 哈特把自己写的这段音乐用打孔的方式记录在一卷纸带上，然后把这卷纸带装进一个标准的音乐盒里。新奇的地方在于，一般音乐盒里的纸带都是环状的，而维 · 哈特的这个音乐盒却采用了一个莫比乌斯带。当然，需要对音乐盒做一些技术改进，才能让它顺利地播放这个特殊的纸带。她的这个音乐盒首先会正常地播放一遍这段音乐。而当纸带转动到了扭结处，音乐盒就开始播放这条打孔纸带的反面。音符还是那些音符，但所有的音都颠倒了，高音变成了低音，低音变成了高音。音符的顺序并没有改变，只是纸带上下翻转，莫比乌斯带把维 · 哈特写的音乐转化成了另一段不同的音乐。

维 · 哈特的另一段视频比莫比乌斯带音乐盒更加别出心裁。这段视频叫作《莫比乌斯故事：伊格先生和风》。这是一个既甜蜜又忧伤的爱情故事。在故事的开始，一支马克笔画出了一个看似普通的小三角形，这个小三角形的名字叫作“风”。“风”默默地住在一个平面的世界里，这个世界是一条透明的莫比乌斯带。“风”感到有些孤独，但它总是很乐观，因为它知道这个世界上除了它自己之外，还住着一位神秘的绅士——伊格先生。“风”很想要遇到伊格先生，可是却怎么也碰不到他。伊格先生就住在同一条街上不远的地方，可是每当“风”来到伊格先生的家门口，伊格先生总是不在家。“风”很喜欢伊格先生在门上写给她的留言，它相信自己总有一天会见到伊格先生。

剧透警告：如果你不想听这个故事悲伤的结局，就请跳过下一段吧。

“风”不知道的是，伊格先生并不存在。伊格先生只是“风”在透明的莫比乌斯带另一侧的倒影而已。维 · 哈特很有编剧的天赋，她对故事中的图形和文字进行了巧妙的编排。“风”的名字、“风”的家、“风”自己写下的留言，颠倒之后在莫比乌斯带的另一侧看起来恰好是伊格先生的名字、伊格先生的房子，还有伊格先生写给“风”的留言。

我无法用语言表达出这段影片的妙处。建议你去看一看这个视频，相信你会发现其中的智慧。维 · 哈特用一个感人的小故事如此生动地演绎出莫比乌斯带的性质，对她的才华我真是由衷地钦佩。

很多艺术家都从莫比乌斯带迷人的性质中获得了灵感。埃舍尔在他的画作中表现过蚂蚁被永远地困在一个无穷的圈上的情形。雕塑家马克思 · 比尔和启三都曾在作品中用到过莫比乌斯带的图案。

世界上最宏伟的莫比乌斯带结构，可能将会出现在筹建中的哈萨克斯坦国家图书馆的建筑中。哈萨克斯坦国家图书馆项目由丹麦BIG建筑公司负责设计。BIG公司打算建一条莫比乌斯带结构的公共步道，“走在这条步道上，墙壁会慢慢变成屋顶，屋顶又会慢慢变成地面，然后地面再变回墙壁”。我想那种感觉一定十分奇妙。

不光是艺术家，工程师们也会把莫比乌斯带的结构用到设计中去。从维 · 哈特音乐盒的例子我们知道，一条莫比乌斯带状的播放带的播放时间比普通环状的播放带要长一倍。根据这一性质，B · F · 古德里奇公司发明了一项专利技术：莫比乌斯传送带。莫比乌斯传送带一次的运行时间比传统传送带长一倍，因为每次可以把传送带的正反两面都利用到（当然，从技术上来说莫比乌斯带只有一面，但是相信你可以理解这句话的意思）。除此之外，利用了莫比乌斯带性质的专利技术还包括电容器、腹部手术拉钩、带自净功能的干洗机过滤部件等。

但是，拓扑学在日常生活中最伟大的应用并不是莫比乌斯带，而是切坚果面包（硬面包圈）的技巧。这一技巧同样用到了扭转和连接等概念，掌握这个技巧以后，下次周日早晨再有客人来访时，你就可以好好露一手了。这一技术的发明人是乔治 · 哈特——我们上文提到的天才女高中生维 · 哈特的父亲。乔治 · 哈特是一位几何学家兼雕塑家，他曾担任纽约州立大学石溪分校计算机系的教授，还在纽约市的数学博物馆当过首席展览设计师。乔治 · 哈特发明了一种切坚果面包的方法，这种方法切出来的坚果面包的两部分是锁链般地连在一起的。

这种切法的优点有两个：一是能给你邀请来的客人留下极为深刻的印象；二是能产生比普通切法更大的表面积，这样你就能够在一片面包上涂上更多的黄油或者奶油乳酪了（这项技术也许不适用于想减肥的人）。

第 28 章

微分几何：两点之间最短路径不止一条

从勾股定理到平行线永不相交，这些永恒的真理都是基于一个想象中的二维平面。你有没有想过，为什么人类最早发明的几何学分支是平面几何呢？那是因为在古代，人类认为我们生活的大地就是一个平面。

平面几何起源于 2 500 多年前的古印度、古中国、古埃及和古巴比伦。最终，以欧几里得为代表的希腊数学家完善了它，并将其编纂成书。直到今天，平面几何仍是高中几何教学的主要内容（甚至是唯一内容）。但是，几千年以来，随着人类的进化，很多事情已经悄然发生了改变。

在全球化的今天，我们有了谷歌地球，还可以轻松地乘飞机跨越各大洋和大洲。在这样的环境中，也许我们每个人都应该懂一点儿球面几何，以及球面几何的现代化推广——微分几何。球面几何和微分几何的基本理念，直到大约 200 年前才被发明出来。卡尔 · 弗里德里希 · 高斯和波恩哈德 · 黎曼是微分几何这一创新事物的先驱者。正是在微分几何的基础上，人类才得以建起一座新的智慧丰碑——爱因斯坦的广义相对论。微分几何的技术细节虽然十分高深，但是它的核心理念却是非常简单而美丽的，任何人只要骑过自行车、见过地球仪，或者玩过橡胶环，就应该可以理解微分几何的核心理念。在理解了微分几何以后，你会发现，旅行中一些看起来很奇怪的事情，其实都是很有道理的。

比如在我小的时候，我爸爸很喜欢考我一些地理问题。爸爸会问我："意大利的罗马和美国的纽约哪一个城市位于更北一些的地方？"对于这个问题，我想大部分人都会猜测纽约似乎更靠北一些，但是，其实罗马和纽约几乎在同一个纬度上，严格来说，罗马还要稍微偏北一点儿。在平面的世界地图（平面的世界地图使用的是墨卡托投影，这种画法其实是具有一定的误导性的，实际上，格陵兰岛的面积根本不像地图上看上去那么大）上，纽约和罗马几乎在同一条纬度线上，仿佛从纽约一直向东走，你就会走到罗马。

可是，当你真的乘飞机从纽约飞往罗马，你就会发现航空公司的航线根本不是一直向东。从纽约起飞以后，飞机会往东北方向飞，环绕加拿大的海岸线。为什么会这样呢？我曾经以为航空公司是为了安全起见而选择尽量在陆地上空飞行，但事实并不是这样的。当你考虑到地球不是一个平面而是一个球体时，你就会明白，这种不符合我们直觉的航线才是纽约到罗马的最短路线。纽约到罗马的最短路线不是一路向西，而是先穿过新斯科舍省和纽芬兰，再飞过大西洋，然后经过爱尔兰和法国，最终到达阳光明媚的意大利。

在球面上，这样的航线被称为“大圆”的一条弧。就像平面上两点之间直线最短一样，球面上两点间的最短路径是大圆。之所以叫作“大圆”，是因为这些曲线是你能在一个球面上找到的最大的圆。比如，地球的赤道就是一个大圆，同时穿过北极点和南极点的圆也是一个大圆。

平面上的直线和球面上的大圆，还有另一个共同点：它们都是两点间最直的线。这句话听上去十分奇怪：球面上所有的线都是曲线，为什么大圆会是两点间“最直的线”呢？因为球面上不同曲线的弯曲程度是有所差异的。除了完成一个必要的任务——贴合球的表面——以外，大圆就不再有任何额外的弯曲度了。

为了让这个性质更加直观，我们尝试这样想：假设你在地球的表面上骑着一辆小自行车，试图沿着某条既定的路线前进。如果这个既定路线是大圆，那么你就可以时刻保持前轮笔直朝前。从这个意义上来说，大圆就是地球表面最直的线。如果你在南极或北极附近沿着一条纬度线骑自行车前行，你则需要不断地转动自行车的车把手，才能不偏离既定路线。

当然，在各式各样的表面中，平面和球面都算是性质相当简单明了的。人体的表面、易拉罐的表面，或者一个坚果面包的表面——这些不规则的、复杂的表面才是表面的常态。这些表面不仅不对称，还有很多其他的弯曲度，在这样的表面上行走的话一定很容易迷路。在这些非特殊的表面上，要找到两点之间距离最短的路径可不是一件容易的事情，这其中的技术细节是非常复杂和琐碎的。因此，让我们绕开这些复杂的技术问题，用一种直觉化的方法来审视和理解这个问题。这时候，我们就要用到橡皮绳了。

想象一种光滑而有弹性的橡皮绳，这种橡皮绳会在附着在物体表面的前提下，尽最大努力收缩。有了这种神奇的橡皮绳，找到纽约和罗马间的最短路径就很容易了。同时，我们也可以用这种橡皮绳找出任意表面上的任意两点间的最短路径。只要把橡皮绳的两端分别系在起点和终点上，橡皮绳就会在附着在物体表面的前提下，尽最大努力收缩。最后，橡皮绳绷到最紧，橡皮绳所经过的路径就是这两点间的最短路径。

当我们用这种方法研究一些比平面和球面稍微复杂一些的表面时，我们就会注意到一个很奇怪的现象：两点之间存在很多条最短的路径，两点之间的最短路径并不是唯一的。比如，在一个易拉罐的外表面上，我们考虑这样的两个点：其中一个点在另一个点的正下方。

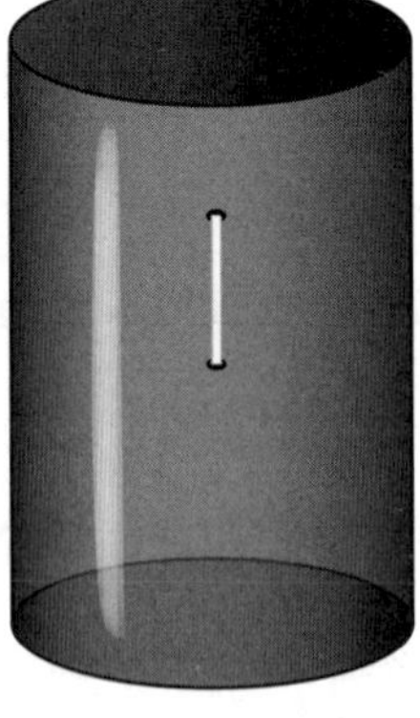

显然，这两点间的最短路径是一条直线，如上图所示。如果我们用橡皮绳来试一试，橡皮绳就会呈现上图中的状态。但事情并没有这么简单，圆柱形的易拉罐给我们带来了很多变化的可能性。比如，我们可以要求橡皮绳在连接这两点之前必须包围住这个圆柱体（在染色体中，当DNA缠绕住某些蛋白质时，人体就会给DNA下达这样的限制性指令）。在这个新的限制条件下，橡皮绳最后会绷紧成为一个螺旋形，就像老式理发店前的那个转轮上的曲线。

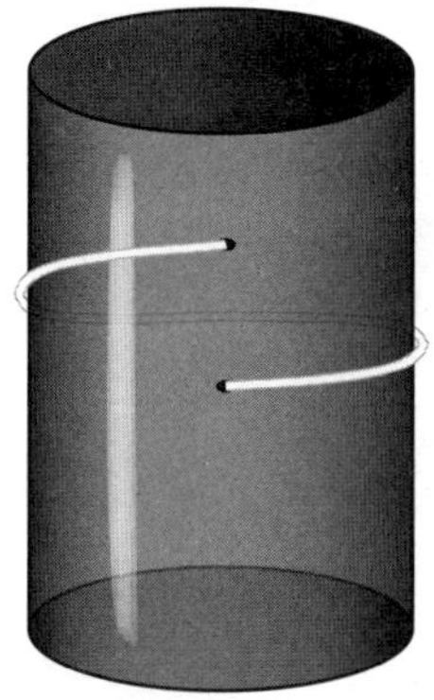

这个螺旋状的曲线也是这两点之间的局部最短路径，因为在此路径附近的所有路径中，这条曲线是最短的。如果你稍微拉一下橡皮绳，橡皮绳就会变长一点儿，跑到此路径附近的另一条路径上去。而你一放手，橡皮绳又会收缩，回到上图的路径上去。所以，我们可以说，这条路径是局部最短的路径，在两点间所有包围住这个圆柱体的路径中，上图的这条路径是当之无愧的冠军。（正是出于这个原因，这个学科的名字叫作“微分几何”。微分几何研究的是各种形状上局部的小变化所产生的效应，比如上图的螺旋形路径和其周围的其他路径的长短关系。）

但是，问题到此还没有结束，既然有绕圆柱一圈的最短路径，就同样有绕圆柱两圈、三圈、四圈……的最短路径。在一个圆柱体的表面，两点之间有无数条局部最短的路径。当然，这些螺旋形的路径都不是全局的最短路径，因为第一幅图里的直线才是全局的最短路径。

同样，在一个有很多洞和把手的表面上，两点间也会有很多局部最短的路径。这些路径可能会以各种弯弯曲曲的方式经过这个高低起伏的表面。柏林自由大学的数学家康拉德 · 伯锡尔制作了一段视频，来演示这种表面上的局部最短路径的不唯一性。下图就是视频里的一幅截图。图中这个 8 字形的假想面学名叫作“两孔环面”，这些局部的最短路径的学名叫作“测地线”。

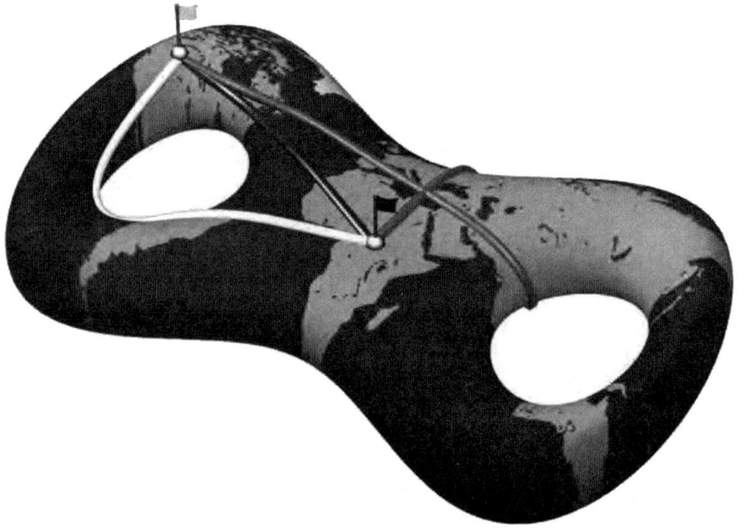

上图中的 3 条测地线分别经过了两孔环面上极不相同的部分，所以这 3 条测地线的形状也各不相同。但这 3 条曲线有一个共同点：相比附近的其他路径，它们都是局部最短、最直的曲线。就像平面上的直线和球面上的大圆一样，这些测地线是两孔环面上最直的曲线。这 3 条测地线随两孔环面的表面而弯曲，但它们自身却不弯曲。为了解释清楚这一点，伯锡尔制作了另一段视频。

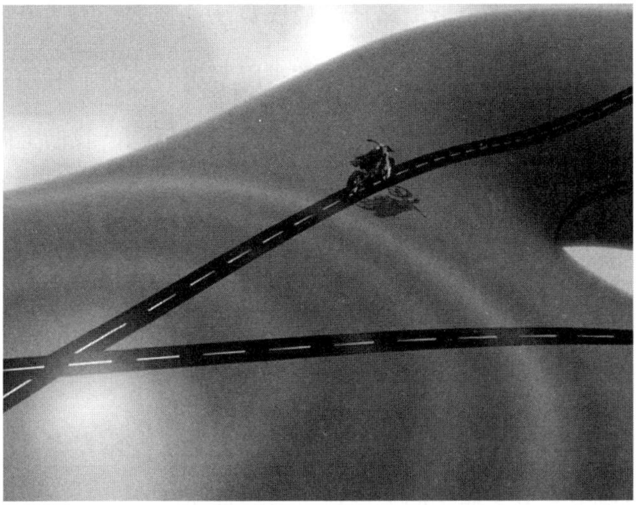

在上图中，两孔环面的测地线被修上了高速公路。一辆无人驾驶的摩托车在这条公路上沿着测地线自动行驶。神奇的是，在行驶的过程中，摩托车的车把手完全没有转动，车头始终保持朝前的方向。也就是说，摩托车不需要进行任何转弯的动作，就可以沿着这条测地线的路径前进。通过这种直观的演示，我们可以发现，测地线和球面上的大圆一样，是平面上的直线自然衍生出来的。

看了上面这些“奇幻”的情节，你可能会问，测地线在现实世界中有什么用处吗？当然有。爱因斯坦向我们证明，当光线在宇宙中遨游时，它们总是沿着测地线传播。1919 年日食观测时，人类发现星光经过太阳附近时会发生弯曲。这一发现验证了爱因斯坦的理论：在弯曲的时空中，光线确实是沿着测地线传播的。而这种时空的弯曲是由太阳的引力造成的。

用微分几何寻找两点间最短距离的另一个更加实用的例子，是互联网流量的疏导问题。在这里，我们要处理的“面”不是上面提到的那些平滑的表面，而是数不清的网址和链接形成的庞大迷宫。在互联网流量疏导的问题中，我们要研究的是算法的速度——找出一个网络中最短路径的最快算法是什么？因为通过一个网络的可能路径多到无法想象，所以这个问题是非常难以解决的。我们必须感谢数学家和计算机专家的惊人智慧，要不是他们成功地解决了这个问题，我们上网时网速会慢得让人难以忍受。

在生活中，人们常常会说“两点之间直线距离最短”，这句话的言外之意就是，“别把事情搞得太复杂了，简单的才是最好的”。但是，有时候，正是因为有复杂的障碍和限制条件的存在，我们才能创造出更美、更伟大的事物。在艺术方面，在数学方面，想收获最甜美的果实，往往先要给自己制造一些限制条件。想想俳句，想想十四行诗，想想用6个字描述的人生故事，这些事物的美，就在于我们可以戴着镣铐跳出最精彩的舞蹈。当你找不到一条简单的直线时，你需要懂一点儿微分几何学知识，才能找到两点间的最短路径。在人生路上，如果看不到通向目标的坦途，你也不必灰心，学一点儿人生的微分几何学吧。

如果你正为前途而烦恼，别忘了，两点之间的最短路径不止一条。这是数学给我们的鼓励和祝福。

第 29 章

无穷数列的和与一个温文尔雅的骗子

从外表看来，“数学”这个家伙有种说一不二的强硬性格，如同一位令人恐惧的黑手党首领，数学一旦做了什么决定，就是一锤定音、令出必行，没有任何商量的余地。数学给出的结论都是一些让你无法拒绝也毫无辩驳机会的结论。

但是私底下，数学也会有缺乏安全感的时候。它也有怀疑、忧虑和脆弱，也会不清楚自己做的到底是对还是错。尤其当遇到无穷大的问题的时候，数学会夜不能寐，整夜地担忧和挣扎，被存在的恐惧感所折磨。在数学的发展历史上，无穷大的引入不止一次造成过混乱和恐慌，有时整个数学王国甚至都走到了崩溃的边缘，那实在是相当凶险的处境。

在美国有线电视网络媒体公司（HBO）播出的电视剧《黑道家族》中，黑帮老大托尼 · 索普莱诺发现自己的母亲竟然想杀了自己，他因此感到极度焦虑，不得不去看精神科医生。可见，黑帮老大也有恐慌和脆弱的时候，在凶狠的外表下，隐藏着的是一颗恐惧而迷惑的心。

同样，微积分也遇到过这样的危机。在微积分最风光的时候，它也曾有恐惧不安的时刻。几个世纪以来，微积分所向披靡、不可一世，它毫不费力地横扫眼前的一切问题，解决得干净利落。但在内心里，微积分知道自己体内某些本质的问题一直在隐隐作痛。昔日让它功成名就的东西——它处理“无穷”时那无所畏惧的强硬态度——正是今日要将它彻底摧毁的祸根。幸好，经过治疗，微积分终于顺利度过了危机，这种治疗方法的名字叫作“分析”。

18 世纪的时候，数学家们曾被这样一个无穷数列所困扰：

$$1-1+1-1+1-1+\cdots\cdots$$

这个数列并不复杂，它描述了一种无穷的摇摆状态：前进一步，再后退一步，又前进一步，再后退一步，不断重复，直至无穷。

问题是：这个数列能成立吗？如果能的话，它的和是多少呢？

面对这样一个无穷数列，乐观主义者会试图把我们在有限求和时总结出的那些规律拿出来，看看能不能用在无限求和的问题上。比如说，我们知道1+2=2+1。两数或多数相加时，我们可以任意改变两个数的位置，而求和结果不变：$a+b=b+a$，这就是加法交换律。当两个以上的数相加时，我们还可以在算式中随意加入括号，将几个数组合起来，最后的结果也会保持不变。比如，$(1+2)+4=1+(2+4)$。不管是先算 1 + 2，再加上 4；还是先算 2 + 4，再加上 1，结果都是一样的，这就是加法结合律。当一个求和数列里有加法有减法时，这些规律同样适用，只要记住“减去一个数等于加上相应的负数”这个原则就可以了。比如，从上面的无穷数列中截出 3 项：1 − 1 + 1 等于多少呢？我们可以将这个算式看作 $(1-1)+1$，也可以把它看作 $1+(-1+1)$。在第二个算式里，我们把减去 1 的运算换成了加上 − 1 的运算，显然这两种算法是等价的。不管用哪种方法计算，1 − 1 + 1 都等于 1。

但是，当我们从有限求和转为无限求和，就会有些不愉快的问题出现。如果我们对上述无穷数列使用加法结合律，会出现什么情况呢？一种做法是把每对 + 1 和 − 1 结合起来，上述数列就会变成：

$$
\begin{aligned}
&1-1+1-1+1-1+\cdots\cdots \\
&\quad =(1-1)+(1-1)+(1-1)+\cdots\cdots \\
&\quad =0+0+0+\cdots\cdots \\
&\quad =0
\end{aligned}
$$

另一种做法是把第一个 1 留下来，后面的每两个 − 1 和 1 互相组对：

$$1-1+1-1+1-1+\cdots\cdots$$

$$=1+(-1+1)+(-1+1)+(-1+1)+\cdots\cdots$$
$$=1+0+0+0+\cdots\cdots$$
$$=1$$

这两种算法都有道理，也不存在一种算法比另一种算法更好的情况。那么，难道这个数列的和既是 0 又是 1？这个结论在今天听起来很荒谬，但在当时竟然有不少数学家都觉得这个某谬的结论是可以接受的——既然上帝能从虚无中创造世界，那么一个数列的和就可以既是 0 又是 1。1703 年，当时的一位牧师身份的数学家吉多·格兰迪这样写道："如果我愿意的话，只要在 $1-1+1-1+1-1+\cdots\cdots$这个数列里以不同的方式加入括号，就可以得到 0 或者 1 这两种答案。由此可以看出，神造世界、无中生有这个概念是非常有说服力的。"

虽然这么说，格兰迪还是更喜欢第三种答案。这个答案的结果并非 0 和 1，你能猜出结果是什么吗？我想，你会用一种开玩笑但又极具专业性的口吻说："那应该是 1/2 吧。"

没错，格兰迪认为，这个无限数列真正的和是 1/2。不仅格兰迪这么认为，当时一些比他更出色的数学家，比如莱布尼茨和欧拉，也认为这个数列的和是 1/2。证明这个数列的和是 1/2 有很多不同的方法，其中最简单的一种是，把这个数列的和表示为这个数列的和的一个等式，再解出这个和。让我们用 S 来表示这个数列的和，根据定义可表示为：

$$S=1-1+1-1+1-1+\cdots\cdots$$

现在我们先把第一个 1 留在一边，考察从第二项开始的各项。显然，去掉第一项以后，这个数列和原先的数列是一样的，所以，我们可以写成：

$$S=1-1+1-1+1-1+\cdots\cdots$$
$$=1-(1-1+1-\cdots\cdots)$$
$$=1-S$$

通过解 $S=1-S$ 这个方程，我们得到 $S=1/2$。

好了，现在关于这个数列的和到底是多少，我们已经有了 3 种不同的答案：0、1 和 1/2。这个数列的和究竟是多少，争论一直持续了 150 年左右。之后，一个崭新的技术出现了，一批“分析家”们一下子就打好了微积分和无限概念（包含极限、导数、积分、无限序列）的坚实基础。在这个基础上，微积分学科被系统地建立了起来，它的逻辑体系和欧几里得几何学一样严密。

微积分学提出了两个重要的概念，一是“部分总和”，二是“收敛”。“部分总和”是一个动态的和：你可以把有限个项加总求和，然后在任意一项停止，就得到了到这一项为止的部分总和。比如说，对于上述无穷数列 $1-1+1-1+1-1+\cdots\cdots$，我们可以求出前 3 项的和：$1-1+1=1$，我们把这个部分总和记作 S_3。其中，字母 S 代表“总和”，下标 3 表示这是前 3 项的部分总和。

对于这个无穷数列，我们可以求出到任意项为止的部分总和：

$$S_1=1$$
$$S_2=1-1=0$$
$$S_3=1-1+1=1$$
$$S_4=1-1+1-1=0$$

不难看出，这个无穷数列的部分总和不断地在 0 和 1 之间振荡。不管我们加多少项，部分总和永远会在 0 和 1 之间摆动，它不会收敛到 0，也不会收敛到 1，更不会收敛到 1/2。因为上述无穷数列 1 − 1 + 1 − 1 + 1 − 1 + ……的和不会向任何一个数收敛，所以今天的数学家会说，这个数列是发散的。

换句话说，当我们不断地加上更多的项，这个数列的部分总和都不会趋向于任何极限值。因此，讨论这个无限数列的和是没有意义的。

既然如此，如果我们小心地避开这样的领域，只考虑那些会收敛的无限数列的和，之前的悖论是不是就完全解决了呢？

很遗憾，不是的，噩梦还在继续。但是，这样的噩梦带来的也并不都是负面信息，正是在与这些“恶魔”的战斗中，18 世纪的数学家们发现了微积分学科里深埋的秘密，并把这些秘密暴露于阳光下。在这个过程中，我们获得了很多宝贵的经验，学到了很多无价的知识。这些经验不仅关乎数学本身，还关乎数学在音乐、医学成像等领域的应用。

让我们来考虑这样一个级数，它的学名叫作“交错调和级数”，形式如下：

$$1-\frac{1}{2}+\frac{1}{3}-\frac{1}{4}+\frac{1}{5}-\frac{1}{6}+\cdots\cdots$$

与上文提到的那个无穷级数不同的是，现在我们不是前进一步又后退一步以至无穷了。这个级数的每一步都比前一步小一些：前进一步，后退半步，再前进 1/3 步，又后退 1/4 步，如此重复，以至无穷。注意，在交错调和级数中，奇数项的前面是正号，偶数项的前面是负号。交错调和级数的部分总和的计算如下：

$$S_1 = 1$$

$$S_2 = 1 - \frac{1}{2} = 0.500$$

$$S_3 = 1 - \frac{1}{2} + \frac{1}{3} = 0.833\cdots\cdots$$

$$S_4 = 1 - \frac{1}{2} + \frac{1}{3} - \frac{1}{4} = 0.583\cdots\cdots$$

如果我们一直这样加下去，就会发现这个级数的部分总和朝着一个约等于 0.69 的数字收敛。事实上，我可以证明，这个级数是收敛的，它的极限值是 2 的自然对数 ln2。ln2 的值大约是 0.693 147。

所以，这怎么会是“噩梦”呢？这不是挺好的吗？从外表来看，交错调和级数收敛得完全正常，就像一个懂礼貌、有教养的绅士，是每个父母心目中的“理想女婿”的人选。

然而，这种无害的外表，正是交错调和级数最危险的地方。在温文尔雅的外表下，隐藏的是一个骗子、一个变色龙、一个超级狡猾的精神病人，这个人可以扮成任何模样，只要用不同的方法对这个级数求和，你就可以得到任何你想要的结果。这个级数可以收敛为任何实数：可以是 297.126，可以是 -42π，可以是 0，你想让它是什么，它就能变成什么。

在交错调和级数的眼里，加法结合律根本一文不值。只要改变求和的顺序，就可以随意改变求和的结果，这种事情在有限项求和中是永远不可能发生的。因此，虽然交错调和级数是收敛的，但是它仍然具有一些无法想象的奇特性质。

在此，我不打算详细证明这个结论（这个结论的学名叫作“黎曼重排定理”或者“黎曼级数定理”）。为了获得一个直观的印象，让我们来看一种特定的“重排”方法，这种重排方法比较简单，求和也相对容易。假设我们把交错调和级数中每两个负数项和一个正数项结合起来：

$$\left[1-\frac{1}{2}-\frac{1}{4}\right]+\left[\frac{1}{3}-\frac{1}{6}-\frac{1}{8}\right]+\left[\frac{1}{5}-\frac{1}{10}-\frac{1}{12}\right]+\cdots\cdots$$

然后，将每一个括号里的算式进行化简运算：第一项和第二项相减，第三项保持不变。经过这样的处理，这个级数就变成：

$$\left[\frac{1}{2}-\frac{1}{4}\right]+\left[\frac{1}{6}-\frac{1}{8}\right]+\left[\frac{1}{10}-\frac{1}{12}\right]+\cdots\cdots$$

现在，我们从每个括号中提出一个 1/2 来，这个级数就变为：

$$\frac{1}{2}\left[1-\frac{1}{2}+\frac{1}{3}-\frac{1}{4}+\frac{1}{5}-\frac{1}{6}+\cdots\cdots\right]$$

看出什么端倪来了吗？括号中的算式不就是交错调和级数本身吗？重排之后，这个级数仍然含有与原来相同的项，但是结果却变成了原来的 1/2。经过这样的重排，交错调和级数收敛为ln2=0.346……这是一种多么奇特的情况！但是，你可能没有想到的是，交错调和级数和我们的现实生活是息息相关的。在本书里，我们可以反复发现，哪怕是最深奥、最抽象的数学概念，也能被应用到现实世界中去。交错调和级数和科学技术领域里的许多问题都有联系：在信号处理领域，在声学、金融和医学领域，我们常常需要把各种各样的曲线、声音、信号或者图像表达为一些更为简单的曲线、声音、信号或图像的加总。如果加总的基本单位是正弦波，那么这种技巧就叫作“傅里叶分析”。当要分析的级数具有与交错调和级数（或者与交错调和级数类似的级数）类似的性质时，经过傅里叶分析得出的傅里叶级数的收敛性质可以说是非常奇特的。

下面这个例子就是直接从交错调和级数变化而来的一个傅里叶级数：

$$f(x) = \sin x - \frac{1}{2}\sin 2x + \frac{1}{3}\sin 3x - \frac{1}{4}\sin 4x + \cdots\cdots$$

我想大家都想象不出来这个级数到底是什么样子的，那么，我就帮大家把这个级数前 10 项的和画出来。

傅里叶级数前10项的部分总和

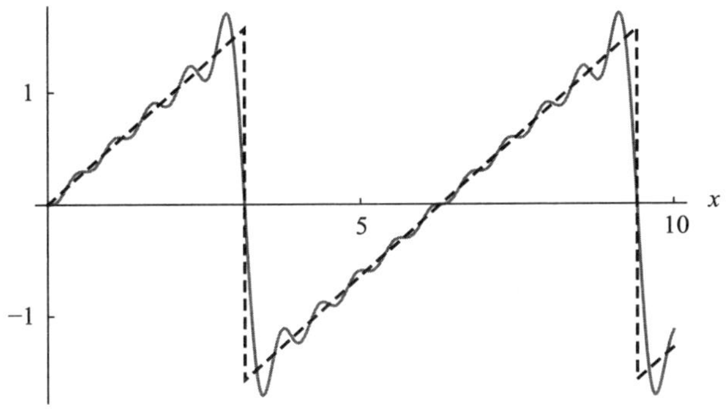

上图中的实线就是这个傅里叶级数的部分总和。可以看出，这个函数图像是在模拟另一个更加简单的曲线：一个锯齿形状的波（图中用虚线表示）。但是，问题恰恰出在这个锯齿的尖端上。每次到了锯齿的尖端，函数图像就会突然飙高，背离这个锯齿状的波形，形成一个手指般的奇怪形状。为了看得更清楚一些，让我们把锯齿的尖端 $x = \pi$ 的部分放大一些。

傅里叶级数前10项的部分总和

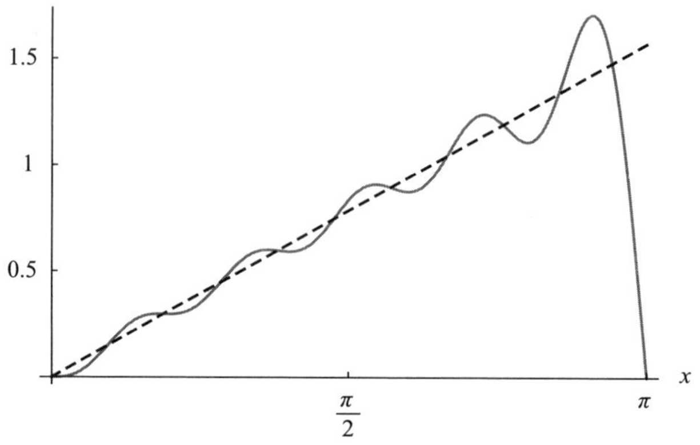

如果我们计算更多项的部分总和，情况会不会有所改善呢？很可惜，不会。下面的两张图分别是这个傅里叶级数前 50 项和前 100 项的部分总和，从中可以看到，手指形状并没有消失。虽然手指形状变得更细了，也更加靠近锯齿的尖端，但是手指形状的高度还是和之前差不多。

傅里叶级数前50项的部分总和

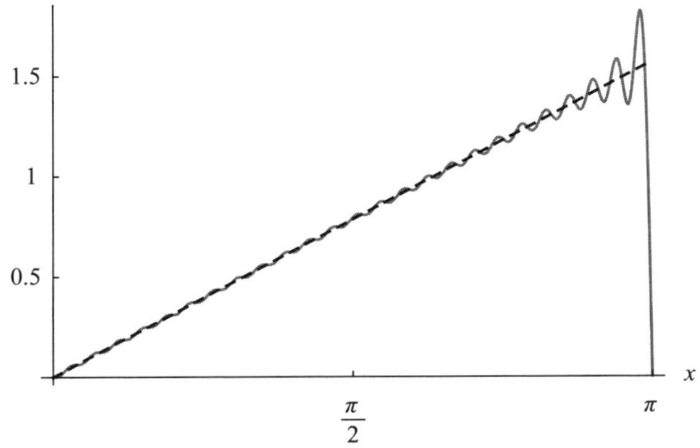

傅里叶级数前100项的部分总和

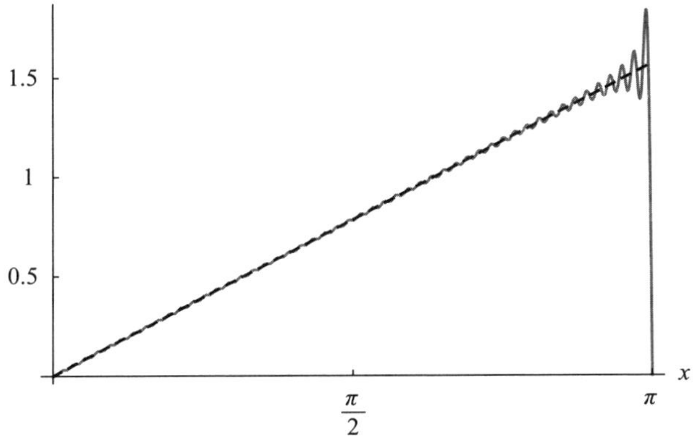

问题的根源还是之前谈到的交错调和级数。交错调和级数的问题“传染”给了傅里叶级数，才形成了这些惹人讨厌的手指形状。

这种现象叫作“吉布斯现象”。自 19 世纪中叶被发现以来，吉布斯现象不仅是一个有趣的抽象数学概念，它还对数码摄影和医学上的核磁共振成像问题有着现实的影响。在核磁共振图像的锋利边缘上，会出现一些我们不想看到的模糊、反光和其他不正常的图像。这些图像正是吉布斯现象造成的，它们可能会被误诊为病变的组织，也可能会妨碍我们看清楚一些重要的病理表现。

幸运的是，一个多世纪以前，数学分析学家就已经查明了吉布斯现象的成因。这些数学上的进步，让我们能够在一定程度上克服吉布斯现象造成的不良影响，就算是在无法克服的情形下，我们至少也可以预测吉布斯现象的发生和影响。

看来，“分析”这种治疗方法很好地解决了微积分的内在问题。也许，现在到了给分析疗法结账的时候了。

第 30 章

“显示满房却永远有空房”的希尔伯特酒店

2010 年 2 月，我收到了一封电子邮件。邮件的发件人名叫金 · 福布斯，在邮件中，福布斯女士告诉我说，她 6 岁的儿子本向她提出了一个数学问题。因为无法回答这个问题，她才写邮件向我求助。

这个数学问题是这样的：

> 今天是我儿子就读学校的 100 周年校庆日。我的儿子非常兴奋地告诉我数字 100 的各种性质。他说，100 是一个偶数，101 是一个奇数， 100 万又是一个偶数。说完了这些，我的儿子问我：“妈妈，那无穷大是奇数还是偶数？”

我回信告诉福布斯女士，无穷大既不是奇数也不是偶数。无穷大与我们常见的那些具体的数字不同，它并不服从算术的一些定律和性质。原因在于，如果无穷大服从具体数字的所有性质的话，就会产生诸多矛盾。比如，如果无穷大是奇数，那么两倍的无穷大就是偶数，而两倍的无穷大和无穷大不应该有任何区别，因为两者都是无穷大。因此，奇偶数的概念并不适用于无穷大。

这封邮件发出以后，福布斯女士很快就回复了我，她在邮件中写道：

谢谢你，我的儿子本对你的解答非常满意。本说，无穷大太大了，大到了既是奇数又是偶数的境界，他觉得这个理念很有意思，他很喜欢。

虽然这封邮件在措辞上有些错误（无穷大并非既是奇数又是偶数；它既不是奇数，又不是偶数），但小男孩本的想法却揭示出一个真理：无穷大确实是一个很让人费解的概念。

在19世纪末期，随着格奥尔格·康托尔在集合论领域取得突破性贡献，无穷大的那些奇特的性质首次浮出了水面。康托尔致力于研究数和点的无限集合，比如{1，2，3，4，……}这个自然数集合，或者一条直线上点的集合。为了比较不同的无限集合，康托尔发明了一套非常严密的逻辑方法。令康托尔震惊的是：他发现有些无穷大比另一些无穷大的数值更大。

当时，数学界不仅不肯接受康托尔的理论，甚至还对他的理论产生了一些愤怒和敌对的情绪。当时非常有名望的数学家亨利·庞卡莱认为康托尔的理论是一个"毒瘤"。但是，另一位数学大师戴维·希尔伯特却认为康托尔的工作是一个巨大的突破性贡献。希尔伯特后来这样说道："康托尔给我们建造了一座天堂，任何人都不能把我们从这座天堂里赶出去。"

我写作本章的目的，就是想带你去看看这个天堂到底是什么模样。不过，我不打算从数集和点集开始谈起，而是要用一个比喻来形容这个天堂的样子。这个比喻是戴维·希尔伯特本人发明的，通过这个"大酒店"的比喻，希尔伯特生动地描述出康托尔理论的诡异和美丽。这个比喻被人们称为"希尔伯特酒店"。

希尔伯特酒店的特殊之处在哪里呢？这个酒店的特点是：它永远显示满房，却又永远有空房间。

希尔伯特酒店的面积非常大，成百上千都不足以形容酒店的房间数量，它的房间数量是无穷大。每有一位新的顾客到来，酒店经理就让 1 号房的客人移去 2 号房、2 号房的客人移去 3 号房、3 号房的客人移去 4 号房……这样，1 号房间就可以空出来给新的客人居住，而之前的所有入住客人仍然都有房间可住（除了要麻烦他们换一下房间）。

现在，假设突然来了无穷多个新客人，他们风尘仆仆，不耐烦地要求马上入住。这可难不倒希尔伯特酒店的经理。这次，经理另辟蹊径：让 1 号房的客人移去 2 号房，2 号房的客人移去 4 号房，3 号房的客人移去 6 号房……这样折腾了一番之后，所有奇数号的房间都空了出来——无穷大间奇数号的房间，完全可以容纳下无穷多位新客人。

这一轮腾挪，事情还没有结束。深夜时分，酒店门口突然驶来了无数辆客车，每辆客车里面都有无数位客人。这些客人全部要求入住，希尔伯特酒店仍然表示毫无压力，因为它的宗旨就是：永远有空房！

希尔伯特酒店的经理可是见过大世面的，这种场面一点儿也吓不倒他。首先，他故技重施：让 1 号房的客人移去 2 号房，2 号房的客人移去 4 号房，3 号房的客人移去 6 号房……移完之后，所有奇数号的房间都空了出来，酒店又有了无穷多间空房间。

但是，这么多间空房间真的够新客人居住吗？看起来有点儿悬，因为酒店需要接待的新客人的人数似乎是无穷大的平方。（因为酒店门口有无数辆客车，每辆客车里面又有无数位客人，所以客人的总数应该是无穷大乘以无穷大，虽然我们暂时不清楚无穷大乘以无穷大到底有多大。）

到了这一步，无穷大的逻辑似乎变得有点儿奇怪了。

那么，希尔伯特酒店的经理到底应该如何安置这些新客人呢？我可以通过图示来让问题变得更直观一些。

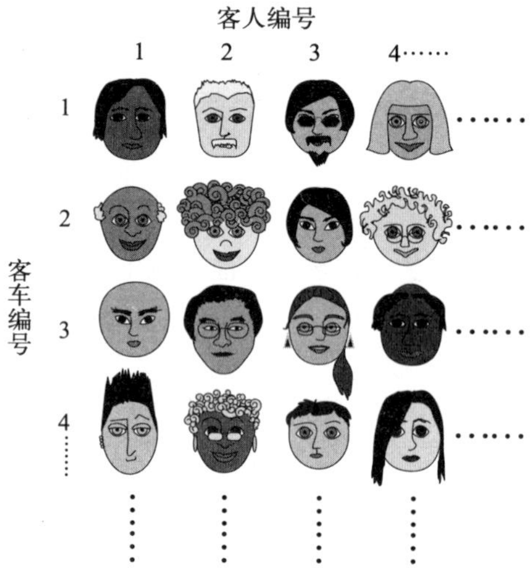

当然，我无法画出一张有无穷多位客人的图，毕竟本书的篇幅不是无穷大的。而且，这张有限的图已经足够说明问题了。虽然图没有画全，但是我们知道，只要不断地增加图的行数和列数，任何一辆给定客车上的任何一位给定的客人（比如从路易斯维尔来度假的伊内兹女士）都会在这幅图的某一个位置上出现。从这个意义上来说，这张图已经描述了所有客人的情况。任何一位客人，只要你叫得出名字，我只需延展一下这张图，就一定能找到他的位置。

希尔伯特酒店的经理需要设计一种算法，通过这种算法，每个新客人最终都会被安排到一间空房间里去，在一位给定的客人被安顿下来之前，应该只有有限个步骤。

遗憾的是，希尔伯特酒店的经理没能理解这个算法的要求。他一直忙着安顿第一辆客车上的客人（这辆客车上有无穷多位客人），而没空理会其他客车上的客人。所以，其他客车上的客人已经等得不耐烦了，他们开始叫骂，场面一片混乱。经理的算法可以用下图中的箭头表示：经理一直在安排第一辆客车上的客人，所以这是一条从西向东的直线，这条直线只穿过第一行。

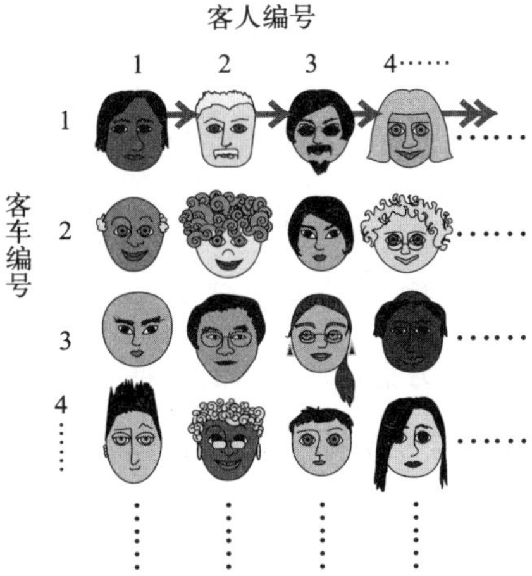

为了控制混乱的场面，希尔伯特酒店赶紧又派来一位经理。这位经理非常聪明，他不是只安排第一辆客车上的乘客，而是从下图的一个角开始，沿着折线向前依次安排客人。

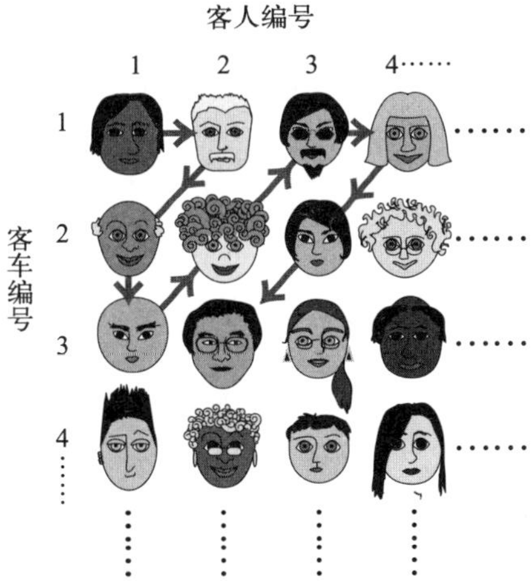

这位更聪明的经理最先安置1号客车上的1号客人，接着安置1号客车上的2号客人，再接着安排2号客车上的1号客人（上图中的第二条对角线）。随后他依次安置第3条对角线上的客人：3号客车上的1号客人、2号客车上的2号客人、1号客车上的3号客人。

希望看过上面这幅图以后，你已经搞清楚这位经理所用的方法了：沿着矩阵的一条条对角线依次安置客人，每个客人都能在有限的步骤之内被安排妥当。

通过这种算法，希尔伯特酒店又一次兑现了它的服务承诺：永远有空房！

我上面所说的算法，是无穷集合理论中的一种著名的算法。康托尔正是用这种算法证明了正分数（p/q, 其中p、q为任意正整数）的数量和自然数（1，2，3，4……）的数量一样多。显然，这个命题比"正分数集和自然数集各自都有无穷多个元素"要强大很多。康托尔证明，正分数集和自然数集都有无穷多个元素，而且这两个无穷大是同等量级的无穷大，因为正分数集和自然数集的元素之间可以形成一种一一对应的关系。

这种一一对应的关系就好像一种择偶关系，每一个自然数都能找到自己的正分数，反之亦然。这种一一对应关系的存在与我们的常识和直觉是严重抵触的，所以，庞卡莱才会拒不接受这种理论，并认为它是一种诡辩。按照这种理论，我们可以在一张清单上极尽所能地列出所有正分数，但是我们却无法指出其中哪一个正分数是最小的，这真是令人抓狂。

事实上，在希尔伯特酒店里，这张清单已经列好了：正分数p/q相当于客车q上的客人p，酒店的房间号1、2、3、4……正是自然数集。那位聪明的酒店经理已经为我列好了一张一一对应的清单。

更让人震惊的是，康托尔还证明了"有一些无限集比另一些无限集要大"。比如，0 和 1 之间的实数就是不可数的——0 和 1 之间的实数无法与自然数建立起一一对应的关系。对于希尔伯特酒店来说，这意味着，如果所有 0 和 1 之间的实数都来到酒店前台要求入住，那么希尔伯特酒店就无法再维持自己“永远有空房”的服务承诺：有无数间房间的希尔伯特酒店，也住不下 0 和 1 之间的所有实数。

怎么证明这个结论呢？康托尔使用了矛盾法。首先，假设 0 和 1 之间的每个实数都能被安置在希尔伯特酒店的一间客房里。那么，此时希尔伯特酒店的房客登记簿应该是以下这种情况（用小数形式表示这些实数）。

房间 1：0.670 811 234 5……

房间 2：0.191 867 605 3……

房间 3：0.437 285 467 5……

房间 4：0.284 563 548 0……

记住，这个登记簿应该是一张安置下所有房客的清单。0 和 1 之间的每一个实数都应该出现在这份清单的某个位置上（排在有限位上）。

康托尔证明，很多 0 和 1 之间的实数都不在这份清单上，这就是矛盾的地方。我们可以构造出一个不在上面这张清单上的实数，比如，我们用下面画线的数字组成一个新的实数。

房间 1：0.$\underline{6}$70 811 234 5……

房间 2：0.1$\underline{9}$1 867 605 3……

房间 3：0.43$\underline{7}$ 285 467 5……

房间 4：0.284 $\underline{5}$63 548 0……

这个新的实数是 0.697 5……。

但是，我们的工作到此还没有结束。下一步，我们把这个新实数的每一位都替换掉，替换成一个和原来数字不同的 1~8 之间的数字。比如，我们可以把 0.697 5……中的 6 换成 3、9 换成 2、7 换成 5，诸如此类。

这样，我们就又得到了一个新的实数 0.325……。接下来，我们证明 0.325……这个实数肯定不在酒店客人的清单中。首先，0.325……肯定不在 1 号房里，因为 1 号房的房客小数点后第一位是 6 而不是 3；然后，0.325……也肯定不在 2 号房里，因为 0.325……的小数点后的第三位和 2 号房客的记录不符。一般情况下，0.325……不可能在第 n 号房间里，因为它小数点后第 n 位一定和 n 号房的房客不符。由此我们证明，0.325……这个数不存在希尔伯特酒店的任何一间房间里。

最终的结论是，希尔伯特酒店住不下 0 和 1 之间的所有实数。0 和 1 之间的所有实数的数量实在是太多了，它们的数目是无穷大以外的无穷大。

让我们带着这个谦虚的理念，结束本书的数学之旅。在本书一开始，我曾提到过另一家虚拟酒店——“毛绒武器”饭店。芝麻街里的汉弗莱先生在“毛绒武器”饭店担任午餐服务员时，接到了一群饥饿的企鹅的订餐电话：“鱼、鱼、鱼、鱼、鱼、鱼。”在接下来的剧情中，汉弗莱先生认识到了数字的力量。

从企鹅吃鱼到无穷大，在数学的探索之旅上，我们已经不知不觉走了很远。感谢你陪我走过这段有趣的数学之旅，再见。

致谢

The Joy of x

在我写作本书的过程中，我的很多朋友和同事给我提出了各种宝贵的意见。这些意见遍及数学、历史、语文等各个方面，帮我大大地提高了本书的质量。在此，我要感谢这些给我提供建议的朋友和同事们。

另外一些同事允许我使用他们创造的图片作为本书的插图，其中有些人还特意帮我绘制了插图。在此，我也必须向这些同事表示最诚挚的谢意。

我要特别感谢《纽约时报》的专栏编辑戴维·希普利。如果不是他邀请我为《纽约时报》写作数学专栏，就不会有这本书的问世。戴维·希普利还很有眼光地帮我设计了本书的写作风格：用梭罗的话说，就是“简单，简单，再简单”。事实证明，戴维 · 希普利的建议取得了成功。我还必须感谢《时代周刊》的编辑乔治 · 卡罗格拉克斯，他在保持本书原意的基础上帮我改正了很多文字上的错误和不足，如果没有他的帮助，我的这本书一定会不堪入目。除此之外，乔治 · 卡罗格拉克斯也给了我很多鼓励，他的自信深深地感染了我。我还要感谢编辑部的凯特 · 欧布莱恩，她细心处理了本书的所有数学公式，保证它们格式统一、内容正确；她还帮我妥善处理了各种印刷上的细节问题，让整本书臻至完美。

感谢我的经纪人卡婷卡 · 马特森，她的热情和创造力为本书增色不少。

保罗 · 因斯特、约恩 · 克莱因贝里、汤姆 · 诺维科夫和安迪 · 鲁伊纳帮我无偿校对了本书的几乎所有章节。希望他们天才的头脑在给这本书挑错的过程中多少获得了一些乐趣。一般来说，“百科全书”先生对你指指点点、东挑西拣，是一件谁也受不了的事情，但是这几位“百科全书”先生丰富的知识真是帮了我的大忙。我非常感谢你们的努力和对我的鼓励。

我要感谢本书的插画师玛吉 · 尼尔森。她既有科学的敏感度，又有艺术家的创造性。她是我的好搭档，她用自己原创性的方法把很多数学概念生动地呈现给读者。

本书的编辑阿曼达 · 库克确实是一位优秀的编辑。她温柔、聪明又有决断力，让我深深地感到佩服。谢谢你，阿曼达，谢谢你一直给我信心和鼓励，还帮我把这本书整合成型。本书的另一位编辑埃蒙 · 杜兰也绝对是世界上最好的编辑之一，他乐观的性格和极强的专业能力带领包括我在内的整个团队快乐地冲向终点。感谢助理编辑阿什利 · 希利亚姆和本 · 伊曼，你们为人风趣、办事认真，把本书出版过程中的每一步都推进得有条不紊。 感谢文字编辑特蕾西 · 蕾，她在同位语、省略号和文法方面耐心地辅导我。更重要的是，她让本书的语言和内容都更上一层楼。我还要感谢整个出版团队。

最后，我要感谢我最亲爱的家人。我的女儿利亚和乔一直在问我这本书什么时候会出版。现在，女儿们，爸爸的书终于出版了。你们的下一步目标就是要学会这本书里所有的数学知识。我要特别感谢我极富耐心的妻子卡罗尔，谢谢你读完了这本书 n 版草稿的每一章、每一节。我相信在阅读的过程中，你已经充分了解了“n 趋于无穷大”的真正含义。卡罗尔，我爱你，找到你这位最佳伴侣是我一生中解决的最重要的问题。